www.ingramcontent.com/pod-product-compliance
Lightning Source LLC
LaVergne TN
LVHW050949051026
849532LV00005B/1769
* 9 7 8 9 3 5 8 7 2 4 5 0 9 *

دو ڈرامے دو افسانے

انتون چیخوف

Do Dramay Do Afsanay

by: Anton Chekhov

Edition: August '2024

Publisher :

Taemeer Publications LLC (Michigan, USA / Hyderabad, India)

ISBN 978-93-5872-450-9

کتاب	:	**دو ڈرامے دو افسانے**
مصنف	:	**انتون چیخوف**
صنف	:	فکشن
ناشر	:	تعمیر پبلی کیشنز (حیدرآباد، انڈیا)
سالِ اشاعت	:	۲۰۲۴ء
صفحات	:	۷۲
سرورق ڈیزائن	:	تعمیر ویب ڈیزائن

فہرست

نسبت

(ایک ایکٹ کا مزاحیہ ڈراما)

افرادِ تمثیل

سیٹپن سیٹپینوخ چبوکوف: ایک زمیندار

نٹالیا سیٹپینیو فنا: اس کی لڑکی (۲۵ سال)

ایفان وسیلوی درخ لوموف: چبوکوف کا ہمسایہ زمیندار (ضعفِ قلب میں مبتلا)

تعارف

انیسویں صدی کے آخری چند سالوں تک روس میں کوئی قابلِ ذکر تمثیل نگار موجود نہیں تھا۔ اگر اس زمانے میں چند ڈرامے لکھے بھی گئے تو وہ فنی حیثیت سے بہت کمزور ہیں۔ دراصل اس وقت کے ڈرامانویسوں نے صرف لوگوں کے تفنن طبع کے لئے انسانی زندگی کی کچھ نقلیں رقم کی ہیں جن میں ڈرامائی عناصر کو بالکل دخل نہیں ہے۔

سب سے پہلے لیمن ساف نامی ایک شخص نے چند المیہ ڈرامے لکھے۔ اس کے بعد سمروکاف متعدد مزاحیہ و المیہ ڈرامے ضبط تحریر میں لایا مگر وہ فنی اعتبار سے پر از اسقام ہیں۔ اس کے بعد روس کے مایہ ناز شاعر پشکن نے شیکسپیئر کے افکار سے متاثر ہو کر ایک تمثیل لکھی۔ گو قابل مصنف نے اپنے کرداروں کی نفسیات کا بیان کمال فن کاری سے کیا ہے مگر پھر بھی اس کی وہ تصنیف تمثیل نہیں کہلا سکتی۔ وہ ایک تمثیلی نظم ہے جس سے یہ

نتیجہ اخذ کیا جا سکتا ہے کہ پشکن ایک اعلیٰ درجے کا تمثیل نگار نہیں بلکہ ایک مستند غنائی شاعر تھا۔ پشکن کے بعد اوسٹروسکی نے ڈرامے میں حقیقت نگاری کا عنصر داخل کر دیا۔ دراصل حقیقت نما ڈراموں کو روس میں مروج کرنے کا سہرا اسی کے سر ہے۔ مگر اس نے اپنے بعد کوئی قابل جانشین نہ چھوڑا جو اس کی متعارف صنف کو بامِ رفعت پر پہنچا سکتا۔ اوسٹروسکی کے بعد جو تمثیل نگار بھی پیدا ہوئے وہ بالکل نااہل تھے چنانچہ تمثیل نگاری روس کے مفکر اعظم طالسطائی کے ظہور تک دبی رہی۔

کاؤنٹ لیو طالسطائی نے متعدد کتابیں اور بے شمار مضامین لکھے جو ادبِ حاضرہ میں شاہکار کی حیثیت رکھتے ہیں۔ ان تصانیف کے علاوہ اس نے چند بلند پایہ ڈرامے بھی سپرد قلم کیے جو حلقہ ادب میں بہت مقبول ہوئے۔

طالسطائی کے تین ڈرامے سٹیج ہو چکے ہیں۔ اس کا نصب العین کسانوں کی قابل رحم حالت کی عکاسی کرنا اور انہیں خوابِ غفلت سے بیدار کرنا ہے۔

روسی ڈرامے میں پہلا انقلاب چیخوف کی پہلی تمثیل "سی گل" سے پیدا ہوا۔

چیخوف شاید تمثیل نگاری کی طرف کبھی توجہ نہ کرتا اگر وہ ایک پر از اسقام ڈرامے کو نہ دیکھتا۔ چیخوف اس ڈرامے کے عیوب کو برداشت نہ کر سکا۔ آخر اس تکدر نے اس کی عنانِ توجہ تمثیل نگاری کی طرف مبذول کر دی اور اس نے کچھ عرصے کے بعد "آن دی ہائی روڈ" نامی ایک ڈراما سپرد قلم کیا مگر وہ چند وجوہ کی بناء پر سٹیج نہ ہو سکا۔ چیخوف نے ہمت نہ ہاری اور جلد ہی "ایوانوف" کے عنوان سے ایک ڈراما سٹیج کے لئے پیش کیا۔

گو "ایوانوف" کو سٹیج پر کافی مقبولیت حاصل ہوئی مگر درحقیقت یہ تمثیل جملہ خوبیوں کی حامل نہ تھی۔ یہ صرف چیخوف کی ابتدا تھی۔

اپنے ڈرامے کی مقبولیت دیکھ کر چیخوف نے فوراً ہی ایک اور تمثیل لکھنا شروع کر دی

مگر اس کے متعلق حوصلہ شکن تبصرے دیکھ کر اس نے اسے وہیں کا وہیں رہنے دیا اور کچھ عرصے کے لئے متین و سنجیدہ تمثیل نگاری سے کنارہ کش ہو کر چند ایک ایکٹ کی کامیڈیاں لکھیں جن میں "ریچھ" اور "نسبت" بہت مشہور ہیں۔

یہ ایک ایکٹ کے ڈرامے چیخوف کے مخصوص مزاحیہ رنگ اور ظرافت کا پہلو لیے ہوئے ہیں۔ ان کی مقبولیت کا یہ عالم ہے کہ ابھی تک مختلف سٹیجوں پر کھیلے جا رہے ہیں۔

۱۸۹۶ء میں چیخوف نے ایک بار پھر سنجیدہ تمثیل نگاری کی طرف توجہ دی اور ایک ڈراما "سی گل" کے نام سے لکھا اس کے بعد "انکل وینیا"، "چیری اور چرڈ" اور "تھری سسٹرز" شائع ہوئے اور سٹیج پر خوب چمکے۔

۴ جولائی ۱۹۰۴ء کو اس باکمال انسان نے موضع بیڈن ویلر میں وفات پائی اور ماسکو میں سپرد خاک کیا گیا۔

(منظر: چبوکوف کے مکان کا ملاقاتی کمرہ۔ چبوکوف اور لوموف، موخر الذکر شام کا لباس پہنے داخل ہوتا ہے)

چبوکوف: (استقبال کے لیے اٹھ کر) آنکھیں کسے دیکھ رہی ہیں؟ آہا! یہ تو لوموف صاحب ہیں۔ زہے نصیب (ہاتھ ملتا ہے) میری جان یہ ملاقات تو واقعی حیرت خیز ہے۔۔۔۔۔ کہو کیسے ہو؟

لوموف: نوازش! فرمایئے آپ تو بخیریت ہیں؟

چبوکوف: شکر ہے! تمہاری دعا سے اچھی گزر رہی ہے۔ بیٹھو نا!۔۔۔۔۔ یہ کس قدر تاسف کا مقام ہے کہ تم اپنے ہمسایوں کو بھول جاتے ہو۔۔۔۔۔ مگر عزیز من اس تکلیف کے کیا معنی؟ نیا کوٹ، سفید دستانے اور علیٰ ہذا القیاس! کیا کسی سے ملنے جا رہے ہو

میری جان؟

لوموف: نہیں، میں صرف آپ ہی سے ملنے آیا ہوں۔

چبوکوف: تو پھر اس نئے کوٹ کے کیا معنی میرے ساحر؟۔۔۔۔۔۔ عید کا دن تھوڑا ہی ہے آج!

لوموف: دیکھیے معاملہ یوں ہے۔ میں آپ کے پاس ایک درخواست لے کر حاضر ہوا ہوں۔ اس سے قبل میں نے بارہا آپ سے مدد طلب کی ہے اور آپ نے ہمیشہ۔۔۔۔۔۔ معاف فرمائیے میں کچھ گھبرا سا گیا ہوں۔ تھوڑا سا پانی پلا دیجیے۔(پانی پیتا ہے)

چبوکوف:(اپنے آپ سے) ضرور قرض مانگنے آیا ہو گا مگر میں تو پھوٹی کوڑی بھی نہ دوں گا۔(لوموف سے مخاطب ہو کر) ہاں ہاں کہو؟

لوموف: بات یہ ہے معزز سیٹپنیووخ، نہیں! نہیں سٹیپن مغرزوخ۔۔۔۔۔۔ دیکھیے، میں کس قدر گھبرا گیا ہوں۔ قصہ مختصر یہ ہے کہ آپ کے سوا میری اور کوئی مدد نہیں کر سکتا گو میں اس کا حقدار نہیں ہوں اور جرات نہیں کر سکتا کہ کہ آپ سے مدد طلب کروں۔

چبوکوف: اب بات کو بڑھاتے مت جاؤ پیارے، کہو اصل مطلب کیا ہے؟

لوموف: لیجیے ابھی کہتا ہوں۔ ابھی!۔۔۔۔۔۔ بات یہ ہے کہ آپ کی لڑکی نٹالیا سے شادی کرنا چاہتا ہوں۔

چبوکوف:(خوش ہو کر) تم شریر لڑکے! کہو نا اسے پھر! میں اپنے کانوں پر اعتبار نہیں کرتا۔

لوموف: میں آپ کی لڑکی کے ساتھ عقد کرنے کا فخر۔۔۔۔۔۔

چبوکوف:(بات کاٹ کر) میرے عزیز! میں بہت خوش ہوا ہوں اور علیٰ ہذاالقیاس۔ ہاں بہت خوش اور علیٰ ہذاالقیاس!(بغلگیر ہوتا ہے اور اسے چومتا ہے) میں تو اس سعید ساعت کا ایک زمانے سے منتظر تھا۔ یہ میری دلی خواہش تھی(ایک آنسو بہاتا ہے) اور میں نے تمہیں ہمیشہ اپنے بچے کی طرح محبت کی نگاہوں سے دیکھا ہے۔ خدا تم دونوں کو خوش وخرم رکھے اور علیٰ ہذاالقیاس۔ میری یہ دلی تمنا رہی ہے۔۔۔۔۔ آخر میں یہاں بانس کی طرح کیوں گڑ گیا ہوں؟ خوشی نے مجھے دیوانہ سا بنا دیا ہے۔ میں نٹالیا کو بلاتا ہوں اور علیٰ ہذاالقیاس!

لوموف: معزز سٹیپن آپ کا کیا خیال ہے! کیا وہ مجھے قبول کرلے گی؟

چبوکوف: تم ایسا حسین ہو اور وہ انکار کر دے! وہ تو پہلے ہی بلی کی مانند محبت میں گرفتار ہونا چاہتی ہے اور علیٰ ہذاالقیاس۔۔۔۔۔ ابھی آیا(چلا جاتا ہے)

لوموف: مجھے تو سردی لگ رہی ہے۔ سر سے پیر تک کانپ رہا ہوں گویا کسی کڑے امتحان کا سامنا ہے۔ سب سے بڑی بات دل کو مضبوط بنانا ہے۔ اگر کوئی شخص بہت عرصے تک جھجکتا رہے۔ معاملے کو طول دیتا جائے۔ حقیقی محبت کا منتظر رہے تو یقینی امر ہے کہ وہ عمر بھر کنوارا رہے گا۔۔۔۔۔ ارر! واقعی سردی محسوس ہو رہی ہے۔ نٹالیا خانہ داری سے اچھی طرح واقف ہے۔ شکل بھی بری نہیں۔ تعلیم یافتہ ہے۔ اس سے زیادہ میں اور کیا چاہتا ہوں؟۔۔۔۔۔ مگر دماغ میں یہ کھٹ کھٹ کیسی ہو رہی ہے۔ میں سخت گھبرا گیا ہوں(پانی پیتا ہے) شادی ضرور ہونی چاہیے۔ سب سے بڑی بات تو یہ ہے کہ میری عمر پینتیس برس کی ہے۔ کافی عمر ہے! اس کے علاوہ مجھے منظم اور باقاعدہ زندگی کی ضرورت ہے۔۔۔۔۔ میں ضعفِ قلب کی بیماری میں مبتلا ہوں۔ طبیعت بہت جلد بگڑ جاتی ہے۔ مثال کے طور پر لب اس وقت لرز رہے ہیں اور داہنی آنکھ پھڑک رہی ہے۔۔۔۔۔ مگر

سب سے زیادہ تکلیف تو سوتے وقت ہوتی ہے۔ بس بستر پر لیٹو، ذرا آنکھ لگے تو سر، شانوں اور پسلیوں میں شدت کا درد شروع ہو جاتا ہے۔۔۔۔۔۔ میں بستر پر دیوانوں کی طرح کروٹیں لیتا ہوں۔ تمام شب یہی سلسلہ جاری رہتا ہے!۔۔۔۔۔

(نٹالیا داخل ہوتی ہے)

نٹالیا: آہا! یہ تو تم ہو! ابا کہہ رہے تھے کہ کوئی شخص ہل خریدنے آیا ہے۔ کہو کیا حال ہے؟

لوموف: شکر ہے! فرمایئے آپ کی طبیعت تو اچھی ہے؟

نٹالیا: کیا وجہ ہے کہ تم اتنا عرصہ ہم سے ملنے نہیں آئے؟ بیٹھو نا! (بیٹھ جاتے ہیں) کھانا وانا تو کھاؤ گے؟

لوموف: نوازش! میں ابھی کھا کر ہی آ رہا ہوں۔

نٹالیا: سگریٹ تو پیو؟۔۔۔۔۔۔ یہ رہی دیا سلائی۔۔۔۔۔۔ بہت پیارا دن ہے مگر کل بارش کی وجہ سے زمین پر کوئی آدمی کام نہیں کر سکا۔ تم لوگوں نے گھاس کے لئے گٹھے تیار کر لیے ہیں؟ ذرا خیال کرو نا کہ میں نے جلدی میں تمام کھیت سے گھاس کٹوا ڈالی اور اب کفِ افسوس ملتی ہوں۔ مجھے اندیشہ ہے گھاس ضرور گل سڑ جائے گی۔۔۔۔۔۔ مگر یہ کیا؟ میری آنکھیں نیا کوٹ دیکھ رہی ہیں! خوب ہے! کہیں ناچ وغیرہ میں تو شامل نہیں ہو رہے ہو اس کے علاوہ تم آج بہت بھلے معلوم ہو رہے ہو۔۔۔۔۔۔ آخر اس تکلف کے کیا معنی؟

لوموف: (گھبرائے ہوئے) محترمہ نٹالیا بات یوں ہے۔۔۔ یعنی حقیت یہ ہے، میں نے آپ سے یہ درخواست کرنے کا تہیہ کر لیا ہے کہ آپ میری بات کو بغور سنیں۔ اس میں کوئی شک نہیں کہ آپ ضرور حیران ہوں گی اور خفا بھی مگر میں۔۔۔۔۔۔ کس قدر سردی ہے!

نٹالیا: کہو کیا ہے؟ (ایک وقفہ) ہاں؟

لوموف: میں اختیار سے کام لینے کی سعی کروں گا آپ شاید اس امر سے غافل نہیں کہ میں بچپن ہی سے آپ کے خاندان کو اچھی طرح جانتا ہوں میری مرحوم چچی اور اس کا خاوند جن سے مجھے یہ جائداد ورثے میں ملی ہے آپ کے باپ اور آپ کی مرحوم والدہ کو بہت عزت کی نگاہوں سے دیکھا کرتے تھے۔ یہ ظاہر ہے کہ چبوکوف اور لوموف خاندانوں میں ہمیشہ سے خوشگوار تعلقات قائم رہے ہیں۔ اس کے علاوہ جیسا کہ آپ کو معلوم ہوگا میری زمین آپ کی زمین کے بالکل قریب واقع ہے۔ شاید آپ کو یاد ہوگا کہ میرے ولوفی نامی مرغزار آپ کے کھیت کی باڑ کے عین ساتھ ہی ملحق ہیں۔

نٹالیا: قطع کلام معاف۔ تم نے کہا ہے "میرے ولوفی نامی مرغزار۔۔۔۔۔" مگر وہ کیا تمہارے ہیں؟

لوموف: ہاں ہاں!

نٹالیا: خوب! وہ مرغزاز ہمارے ہیں نہ کہ تمہارے!

لوموف: محترمہ نٹالیا! آپ غلطی پر ہیں وہ میری ہی ملکیت ہیں۔

نٹالیا: یہ بھی ایک ہی کہی۔ اچھا یہ تو بتاؤ وہ تمہارے ہوئے کس طرح؟

لوموف: وہ میرے کس طرح ہوئے؟ ان مرغزاروں کا ذکر کر رہا ہوں جو آپ کے کھیت کے عین ساتھ واقع ہیں۔

نٹالیا: بالکل درست، وہی مرغزار تو ہماری ملکیت ہیں۔

لوموف: نہیں آپ غلطی پر ہیں محترمہ نٹالیا! وہ میرے ہیں۔

نٹالیا: کہنے سے پیشتر سوچ لو۔ کیا وہ ایک عرصے سے تمہاری ملکیت رہے ہیں؟

لوموف: ایک عرصہ کہنے سے آپ کا مطلب؟ جہاں تک میری یاد کام کرتی ہے وہ

ہمیشہ ہمارے قبضے میں ہی رہے ہیں۔

نٹالیا: نہیں تم غلطی پر ہو۔

لوموف: مگر اس کے ثبوت کے لئے عدالتی کاغذات موجود ہیں محترمہ نٹالیا! کسی زمانے میں ان مرغزاروں کا تنازع ضرور تھا۔ اس میں کوئی شک نہیں ہے مگر اب ہر فرد بشر کو معلوم ہے کہ وہ میرے ہیں اور اس میں کسی جھگڑے کی گنجائش ہی نہیں۔ ذرا خیال تو کیجیے۔۔۔۔۔۔ میری چچی کے دادا نے یہ زمین آپ کے والد کے دادا کے ہاں کام کرنے والے کسانوں کو ایک غیر معین عرصے کے لیے بغیر کسی کرایہ کے دے رکھی تھی۔ چالیس سال تک یہ زمین ان کسانوں کے پاس رہی۔ چنانچہ وہ اسے اپنی ہی ملکیت سمجھنے لگے مگر جب غلاموں کی آزادی کے بعد فیصلہ ہوا تو۔۔۔۔۔۔

نٹالیا: تمہارا یہ قول غلط ہے! میرا دادا اور اس کا باپ دونوں اپنی زمین کو دلدل تک خیال کرتے رہے ہیں۔ اس لیے یقینی طور پر ولوفی نامی مرغزار ہمارے ہیں۔ میری سمجھ میں نہیں آتا کہ اس کے متعلق جھگڑا کرنے کی گنجائش ہی کہاں ہے۔ یہ گفتگو واقعی بہت تکلیف دہ ہے۔

لوموف: نٹالیا سیٹپیوفنا میں آپ کو کاغذات دکھا سکتا ہوں۔

نٹالیا: نہیں تم صرف مذاق سے یا ستانے کے لئے ایسا کہہ رہے ہو۔۔۔۔۔۔ اچھا مذاق ہے۔ ہم ایک زمین پر تین سو سال تک قابض رہتے ہیں اور یک لخت ہم سے یہ کہا جاتا ہے کہ وہ زمین ہماری نہیں! معاف کرنا مگر میں واقعی اپنی سماعت پر یقین نہیں کر رہی۔۔۔۔۔۔ مجھے مرغزاروں کی کوئی پروا نہیں۔ وہ پندرہ ایکڑوں سے کیا زیادہ ہو سکتے ہیں۔ اس کے علاوہ ان کی قیمت بھی تین سو روبل کے قریب ہے۔ مجھے اگر غصہ ہے تو اس ناانصافی پر۔ تمہارے جی میں جو آئے کہو مگر یہ ناانصافی برداشت نہیں کر سکتی!

لوموف: ذرا سنیے تو سہی۔ میں درخواست کرتا ہوں۔ آپ کے والد کے دادا جیسا کہ میں اس سے قبل بیان کرنے کا شرف حاصل کر چکا ہوں۔ میری چچی کے لیے اینٹیں بنایا کرتے تھے۔ میری چچی کی والدہ نے یہ چاہتے ہوئے کہ ان کے لیے جواب میں کچھ کیا جائے۔۔۔۔۔

نٹالیا: دادا، دادی، چچی۔۔۔۔۔ اس گفتگو کا ایک لفظ بھی میری سمجھ میں نہیں آتا۔ مرغزار ہمارے ہیں اور بس!

لوموف: وہ میرے ہیں۔

نٹالیا: وہ ہمارے ہیں۔ اگر تم دو دن تک بھی بحث کرتے رہو اور ایسے پندرہ بڑے کوٹ پہن کر آؤ تو بھی وہ ہمارے ہیں۔ ہمارے، ہمارے!۔۔۔۔۔ میں تمہاری چیز پر قابض ہونا نہیں چاہتی مگر اس کے ساتھ ہی اپنی مملوکہ چیز بھی ہاتھ سے کھونا نہیں چاہتی۔ اب تم اسے جس طرح چاہو سمجھ لو!

لوموف: مجھے اس زمین کا کوئی خیال نہیں ہے مگر یہ تو اصول کی بات ہے۔ اگر آپ پسند کریں تو میں اسے آپ کی خدمت میں تحفتاً پیش کر سکتا ہوں۔

نٹالیا: زمین میری ہے اس لیے میں تحفے کے طور پر پیش کر سکتی ہوں۔ مگر یہ کس قدر تعجب خیز ہے۔ اب تک ہم تمہیں اپنا اچھا ہمسایہ تصور کرتے رہے ہیں۔ بلکہ ایک دوست۔ پچھلے سال ہم نے تمہیں اپنی دانہ نکالنے کی مشین مستعار دی تھی اور اس طرح ہم اپنا کام نومبر تک ختم نہ کر سکے اور اب تم ہو کہ ہمارے ساتھ اس قسم کا سلوک کرتے ہو جیسے ہم جنگلی ہوں۔ زمین کا تحفہ پیش کرو گے! معاف کرنا یہ ہمسائیگی نہیں۔ جہاں تک میرا خیال ہے یہ طرز عمل بہت گستاخانہ ہے۔۔۔۔۔

لوموف: تو پھر گویا میں غاصب ہوا؟ مادام میں نے آج تک کسی غیر کی زمین نہیں

چھینی اور نہ میں کسی کو اجازت دے سکتا ہوں کہ وہ میرے متعلق اس قسم کے الزام تراشے۔۔۔۔۔۔(صراحی کے پاس جاکر پانی پیتا ہے) ولوفی نامی مرغزار میرے ہیں۔

نٹالیا: بالکل غلط، وہ ہمارے ہیں!

لوموف: وہ میرے ہیں!

نٹالیا: یہ غلط ہے۔ میں اسے ثابت کر دوں گی۔ میں آج ہی وہاں گھسیارے بھیج دیتی ہوں کہ وہ اس زمین کی گھاس کاٹنا شروع کر دیں۔

لوموف: کیا؟

نٹالیا: ہمارے مزدور آج وہاں ہوں گے۔

لوموف: میں انہیں دھکے دے کر باہر نکال دوں گا۔

نٹالیا: یہ جرأت!

لوموف: (دل کے مقام پر ہاتھ رکھتا ہے) ولوفی نامی مرغزار میرے ہیں۔ سمجھتی ہو؟ میرے!

نٹالیا: ازارہِ عنایت شور مت مچاؤ! اگر چاہو تو یہ شور اور غصے کا اظہار اپنے مکان پر کر سکتے ہو مگر میں درخواست کرتی ہوں کہ یہاں حدودِ اخلاق سے تجاوز نہ کرو۔

لوموف: مادام! اگر میں دل کی اس ملعون دھڑکن اور کنپٹیوں کی کھڑکھڑاہٹ میں مبتلا نہ ہوتا تو میں آپ سے بہت مختلف طریق پر گفتگو کرتا۔ (چلاتا ہے) ولوفی نامی مرغزار میرے ہیں!

نٹالیا: ہمارے!

لوموف: میرے!

نٹالیا: میرے!

(چبوکوف داخل ہوتا ہے)

چبوکوف: یہ کیا شور مچار کھا ہے تم لوگوں نے؟

نٹالیا: ابا ذرا آپ اس شخص پر واضح کر دیں کہ ولوفی نامی مرغزار کس کی ملکیت ہیں۔ ہماری یا اس کی؟

چبوکوف: (لوموف سے) میرے بچے مرغزار ہمارے ہیں۔

لوموف: مگر سٹیپن سٹیپینووخ وہ آپ کے کس طرح ہوئے۔ ذرا آپ غور تو کیجیے۔ میری چچی کی دادی نے آپ کے دادا کے کسانوں کو زمین بغیر کسی کرایہ کے دے رکھی تھی۔ کسان چالیس سال تک اس زمین کو استعمال کرتے رہے اور اس طرح اسے اپنی ملکیت سمجھنے لگے مگر جب یہ فیصلہ ہوا۔۔۔۔۔

چبوکوف: ٹھہرو۔ عزیز من۔۔۔۔۔ تم بھول گئے ہو۔ کسان اس وجہ سے تمہاری دادی کو کرایہ نہیں ادا کرتے تھے کہ زمین کی ملکیت کا تنازع تھا اور علی ہذا القیاس۔۔۔۔۔ اور اب شہر کا ہر کتا جانتا ہے کہ وہ ہمارے ہیں۔ شاید تم نے نقشہ نہیں دیکھا۔

لوموف: میں یہ ثابت کر دوں گا کہ وہ میرے ہیں۔

چبوکوف: میرے بچے تم یہ کبھی نہیں کر سکتے۔

لوموف: نہیں میں ضرور ثابت کروں گا۔

چبوکوف: مگر یہ شور کیوں میری جان؟ تم شور مچانے سے کچھ بھی ثابت نہیں کر سکتے۔ میں تمہاری چیز پر قابض ہونا نہیں چاہتا اور نہ اپنی مملوکہ شے ہاتھ سے کھونا چاہتا ہوں اور میں ایسا کروں بھی کیوں؟ اگر تم ان مرغزاروں کے متعلق کوئی جھگڑا کرنا چاہتے ہو تو میں انہیں تمہیں دینے کی بجائے کسانوں کے حوالے کر دوں گا اور میں کروں گا بھی

یہی ! اور علی ہذاالقیاس۔

لوموف: میری سمجھ میں نہ آتا کہ تمہیں کسی غیر کی چیز کو دوسرے کے حوالے کر دینے کا کیا حق حاصل ہے؟

چبوکوف: حق ہونے یا نہ ہونے کا فیصلہ میرے ہاتھوں میں ہے۔ اس کے علاوہ میں تخاطب کے اس لہجے کو سننے کا عادی نہیں ہوں اور علی ہذاالقیاس۔ میں تم سے عمر میں دو گنا بڑا ہوں اس لیے درخواست کرتا ہوں کہ میرے ساتھ جوش کے بغیر گفتگو کرو۔

لوموف: کیوں؟ تم تو مجھے ایک بیوقوف سمجھ کر مضحکہ اڑا رہے ہو! میری زمین کو اپنی ملکیت بتاتے ہو اور پھر مجھ سے یہ توقع کہ میں جوش میں نہ آؤں اور تمہارے ساتھ اچھی طرح گفتگو کروں! سٹیپن یہ طرزِ عمل اچھے ہمسایوں کا سا نہیں۔ تم ہمسایہ نہیں ہو بلکہ غاصب!

چبوکوف: کیا؟ کیا کہا؟

نٹالیا: ابا گھاس کاٹنے کے لیے ان صر غزاروں پر ابھی اپنے آدمی بھیج دو۔

چبوکوف: (لوموف سے) جناب آپ نے کیا کہا تھا؟

نٹالیا: ولوفی نامی مرغزاز ہمارے ہیں اور میں انہیں ہرگز جدا نہیں کر سکتی۔ ہرگز نہیں! ہرگز نہیں۔

لوموف: دیکھا جائے گا۔ میں عدالت میں ثابت کر دوں گا کہ وہ میرے ہیں۔

چبوکوف: عدالت میں؟ جناب آپ عدالت میں بخوشی جاسکتے ہیں اور علی ہذاالقیاس۔۔۔۔۔ تم تو عدالت میں جانے کے لیے صرف ایک موقع کی تلاش میں ہو۔۔۔۔۔ حقیر پیشہ! تمہارا خاندان کا خاندان مقدمہ بازی کا مشتاق تھا۔ ہر ایک فرد!

لوموف: ازرہ عنایت میرے خاندان کی ہتک مت کرو۔ لوموف خاندان ہمیشہ

ایماندار رہا ہے اور ان میں سے کسی ایک نے بھی تمہارے چچا کی طرح روپیہ غبن کرنے کے سلسلے میں عدالت کا منہ نہیں دیکھا ہے۔

چبوکوف: تم لوموف تو سب کے سب پاگل تھے!

نٹالیا: ہر ایک------ہر ایک!

چبوکوف: تمہارا دادا مانا ہوا شرابی تھا اور تمہاری چچی منسٹاسیا ایک مستری کے ساتھ بھاگ گئی تھی اور اسی طرح کئی اور مثالیں ہیں۔

لوموف: اور تمہاری ماں کبڑی تھی (دل پکڑ کر)------پہلو میں سخت درد ہو رہا ہے!------سر میں خون دوڑا آیا ہے------میرے مرشد!------پانی!

چبوکوف: تمہارا باپ پیٹو اور قمار باز تھا۔

نٹالیا: اور تمہاری چچی ایسی اور کوئی جھگڑالو عورت نہ تھی۔

لوموف: بائیں ٹانگ سو گئی ہے------ اور تم دغا باز ہو!------ آہ میرا دل!------ اور یہ کوئی چھپی ہوئی بات نہیں کہ الیکشن کے بعد تم------ آنکھوں کے سامنے شرارے اڑرہے ہیں------میری ٹوپی کہاں ہے؟

نٹالیا: یہ کمینہ پن! بے ایمانی! تکلیف دہ!

چبوکوف: اور تم خود افترا پرداز، دغاباز اور شریر ہو۔ ہاں شریر!

لوموف: یہ رہی میری ٹوپی------ہائے میرا دل!------کس راستے سے باہر جاؤں؟ دروازہ کدھر ہے؟ آہ! میں مر رہا ہوں۔ ٹانگ بیکار ہو گئی ہے (دروازے کی طرف جاتا ہے)

چبوکوف: (اس کو جاتے دیکھ کر کہتا ہے) خبر دار پھر کبھی میرے دروازے پر قدم نہ رکھنا۔

نٹالیا: جاؤ عدالت میں جاؤ! دیکھا جائے گا!

(لوموف لڑکھڑاتا ہوا باہر چلا جاتا ہے)

نٹالیا: بیہودہ! اب اچھے ہمسایوں پر کیونکر اعتبار کیا جاسکتا ہے!

چبوکوف: کمینہ ذلیل!

نٹالیا: دوسروں کی زمین غصب کرتا ہے اور پھر انہیں گالیاں دیتا ہے۔

چبوکوف: اور اس بدھو، آنکھ کے روگ نے اس منہ سے عقد کرنے کی اجازت طلب کی تھی؟ ذرا خیال تو کرو عقد کرتا ہے۔

نٹالیا: کیسا عقد؟

چبوکوف: اجی وہ تم سے نسبت کرنے کا طلبگار تھانا!

نٹالیا: نسبت؟ مجھ سے؟ مگر تم نے مجھے پہلے کیوں نہ بتایا؟

چبوکوف: اور یہ نیا کوٹ اسی لیے پہن کر آیا تھا! ذلیل! بونا!

نٹالیا: مجھ سے نسبت! آہ! (ایک کرسی پر گر کر رونا شروع کر دیتی ہے) اسے واپس بلاؤ! اسے واپس بلاؤ! آہ! اسے واپس بلاؤ!

چبوکوف: کسے واپس بلاؤں؟

نٹالیا: جلدی کرو۔ جلدی کرو! میں بے ہوش ہو رہی ہوں، اسے واپس بلاؤ! (غش کھاتی ہے)

چبوکوف: یہ کیا۔ کیا معاملہ ہے؟ (اپنا سر پکڑتا ہے) یہ بھی زندگی ہے! میں گولی مار کر خودکشی کرلوں گا یا اپنا گلا گھونٹ کر مر جاؤں گا اور علی ہذا القیاس۔

نٹالیا: میں مر رہی ہوں اسے جلد واپس بلاؤ!

چبوکوف: اف! ابھی جاتا ہوں۔ چلاؤ مت (دوڑتا ہے)

نٹالیا:(اکیلی بڑبڑاتی ہے) یہ ہم نے کیا کیا! اسے جلد واپس لاؤ! جلد واپس لاؤ!

چبوکوف:(دوڑتا ہوا اندر آتا ہے) وہ ابھی آتا ہے اور علی ہذا القیاس۔ لعنت ہو اس پر! اف! تم خود ہی اس سے گفتگو کرنا۔ میں کچھ نہ کہوں گا۔۔۔۔۔۔

نٹالیا: اسے واپس بلاؤ!

چبوکوف:(بلند آواز میں) میں کہتا ہوں وہ آرہا ہے! آہ میرے اللہ ایک نوجوان لڑکی کا باپ ہونا بھی کیسی مصیبت ہے! میں اپنا گلا کاٹ ڈالوں گا۔ واقعی گلا کاٹ ڈالوں گا! ہم نے اس شخص کو گالیاں دی ہیں۔ شرمندہ کیا ہے۔ ٹھوکر مار کر باہر نکال دیا ہے۔۔۔۔۔ یہ سب تمہارے کرتوت ہیں۔ تمہارے کرتوت!

نٹالیا: نہیں یہ تمہارا قصور ہے!

چبوکوف: اچھا یہ میرا قصور ہے(لوموف دروازے کے قریب ظاہر ہوتا ہے) اچھا اب تم خود ہی اس سے گفتگو کرو(چلا جاتا ہے)

(لوموف پریشانی کی حالت میں داخل ہوتا ہے)

لوموف: دل کس قدر تیزی سے دھڑک رہا ہے! ٹانگ سو رہی ہے۔ پہلو میں درد ہے۔۔۔۔۔

نٹالیا: معاف کر دینا۔ ہم نے بہت جلدی کی ہے۔ ولوفی نامی مرغزار واقعی تمہارے ہیں۔

لوموف: دل خوفناک طریق پر دھڑک رہا ہے۔۔۔۔۔ مرغزار میرے ہیں۔۔۔۔۔ دونوں آنکھیں۔۔۔۔۔ پھڑک رہی ہیں۔

نٹالیا: ہاں۔ تمہارے ہی ہیں۔ بیٹھ جاؤ نا!(دونوں بیٹھ جاتے ہیں) ہم غلطی پر تھے۔

لوموف: میں اصول کی بات کر رہا تھا۔۔۔۔۔ مجھے زمین کی چنداں پروا نہیں مگر

اصول کا ضرور پابند ہوں۔۔۔۔۔۔

نٹالیا: بالکل درست۔۔۔۔۔۔ آؤ اب کوئی اور بات کریں۔

لوموف: خوصاً میرے پاس ثبوت موجود ہے۔ میری چچی کی دادی نے تمہارے باپ کے دادا کے کسانوں کو۔۔۔۔۔۔

نٹالیا: بس۔ بس اب یہاں تک ہی کافی ہے۔۔۔۔۔۔ (اپنے آپ سے) معلوم نہیں اب گفتگو کس طرح شروع کروں (لوموف سے) شکار کو کب جا رہے ہو؟

لوموف: فصل کے بعد پرندوں کا شکار کھیلنے کا ارادہ ہے۔ محترمہ نٹالیا اور ہاں کیا آپ نے سنا نہیں؟ ذرا تو خیال کیجیے کہ یہ امر میرے لیے کس قدر بد قسمتی کا موجب ہے۔ میرا ٹریکر جسے آپ شاید جانتی ہیں لنگڑا ہو گیا ہے۔

نٹالیا: بہت افسوس ہے! مگر یہ ہوا کس طرح؟

لوموف: معلوم نہیں۔۔۔۔۔۔ جوڑ وغیرہ ہل گیا ہو گا اپنی جگہ سے یا شاید کسی اور کتے نے کاٹ کھایا ہو۔۔۔۔۔۔ (آہ بھرتا ہے) میرا سب سے اچھا کتا! اس روپے کے ذکر کو تو چھوڑیے جو میں نے اس پر خرچ کیا۔ آپ کو معلوم ہے کہ میں نے اسے مرنوف سے ایک سو پچیس روبل میں خریدا تھا۔

نٹالیا: یہ بہت زیادہ قیمت تھی ایفان!

لوموف: مگر میری نظر میں تو سودا بہت سستا تھا۔ وہ بہت عمدہ کتا ہے۔

نٹالیا: ابا نے اپنا بیکر پچاسی روبل میں خریدا تھا اور بیکر تمہارے ٹریکر سے کہیں اچھا ہے۔

لوموف: بیکر، ٹریکر سے اچھا! کیسی عجیب بات ہے (ہنستا ہے) بیکر، ٹریکر سے اچھا ہے!

نٹالیا: ہاں، ہاں وہ بہتر ہے۔ یہ سچ ہے کہ بیکر ابھی کم عمر ہے اور پورا جوان نہیں۔۔۔۔۔ مگر مستعدی کے لحاظ سے والن چٹسکی کے پاس بھی اس کے مقابلے کا کوئی کتا موجود نہیں ہے۔

لوموف: معاف کیجیے، مگر آپ بھول رہی ہیں کہ آپ کے کتے کا جبڑا چپٹا ہے اور چپٹے جبڑے والا کتا کسی لحاظ سے بھی شکار کے لیے موزوں نہیں ہوتا۔

نٹالیا: چپٹا جبڑا! یہ پہلا موقع ہے کہ میں نے ایسا سنا ہے۔

لوموف: میں آپ کو یقین دلاتا ہوں کہ اس کے نیچے کا جبڑا اوپر والے سے بہت چھوٹا ہے۔

نٹالیا: مگر تم نے پیمائش کی ہے کیا؟

لوموف: ہاں، وہ دوڑ کے لیے بہت موزوں ہے اس میں کوئی شک نہیں، مگر شکار میں اچھا ثابت نہیں ہو سکتا۔

نٹالیا: اول تو ہمارا بیکر اصیل ہے، ہارنس اور چیزل کا بچہ مگر تم تو یہ بھی بتا نہیں سکتے کہ تمہارا دھبے دار کتا کس ذات سے ہے۔۔ اس کے علاوہ کسی مریل گھوڑے کے مانند بوڑھا اور بدصورت ہے۔

لوموف: وہ بوڑھا ہے مگر میں تو اسے تمہارے ایسے بیس بیکروں کے عوض بھی ہرگز جدا نہیں کروں گا۔۔ اور یہ ہو بھی کیسے ہو سکتا ہے؟ ٹریکر ایک کتا ہے اور بیکر۔۔۔ اس کے متعلق تو کوئی شبہ ہی نہیں ہو سکتا۔

ہر شکاری کے پاس تمہارا ایسے بیسیوں بیکر موجود ہیں۔ اس کی قیمت پچیس روبل ٹھیک ہے۔

نٹالیا: آج تو تم پر غلط فہمی کا بھوت سوار ہے ایفان۔ پہلے تم مرغزاروں کو اپنی ملکیت

بناتے ہو اور پھر یہ کہتے ہوئے تمہارا ٹریکر ہمارے بیکر سے اچھا ہے۔ میں کسی شخص کی بے سوچی سمجھی گفتگو کو پسند نہیں کرتی۔ تم اچھی طرح جانتے ہو کہ ہمارا بیکر تمہارے ایک سو۔۔ فضول ٹریکروں سے بدرجہا بہتر ہے تو پھر اس کے خلاف کہنے کا مطلب؟

لوموف: نٹالیا! مجھے معلوم ہوتا ہے کہ تم مجھے بیوقوف یا اندھا سمجھ رہی ہو۔ مان لو کہ تمہارا بیکر چپٹے جبڑے والا ہے۔

نٹالیا: یہ درست نہیں!

لوموف: یہ درست ہے۔

نٹالیا: (چلا کر) یہ غلط ہے!

لوموف: مگر آپ چلا کیوں رہی ہیں مادام؟

نٹالیا: تم فضول باتیں کیوں کر رہے ہو؟ یہ بہت تکلیف دہ ہے! تمہارا ٹریکر تو اس وقت تک گولی کا نشانہ بن جانا چاہیے تھا۔۔۔۔۔ اور تم اسے بیکر کے مقابلے میں پیش کر رہے ہو؟

لوموف: معاف کیجیے اب میں اس بحث کو جاری نہیں رکھ سکتا۔ میرا دل دھڑک رہا ہے۔

نٹالیا: میں نے دیکھا ہے کہ مرد عموماً شکار کے متعلق گفتگو کرتے ہیں حالانکہ اس کو کچھ علم ہی نہیں ہوتا۔

لوموف: مادام! ازراہ عنایت خاموش رہیے گا۔ میرا دل پھٹا جا رہا ہے (چلا کر) خاموش رہو!

نٹالیا: میں اس وقت تک خاموش نہیں رہوں گی جب تک تم یہ مان نہ لو کہ بیکر تمہارے ٹریکر سے ہزار درجے بہتر ہے۔

لوموف: ہزار درجے فضول! تمہارے بیکر پر طاعون! ہائے میری کنپٹیاں۔۔۔۔۔۔ میری آنکھیں۔۔۔۔۔۔ شانہ۔۔۔۔۔۔

نٹالیا: تمہارے ناکارہ ٹریکر کے لیے طاعون کی کیا ضرورت ہے۔۔۔۔۔۔ وہ پہلے ہی مردہ کے برابر ہے۔

لوموف: (روتے ہوئے) خاموش! میرا دل پھٹ رہا ہے!

نٹالیا: میں چپ نہیں ہوں گی۔

(چبوکوف داخل ہوتا ہے)

چبوکوف: (اندر داخل ہوتے ہوئے) اب کیا معاملہ ہے؟

نٹالیا: ابا سچ سچ کہو کون سا کتا اچھا ہے۔ ہمارا بیکر یا اس کا ٹریکر؟

لوموف: سٹیپن میں آپ سے صرف ایک بات دریافت کرنے کی اجازت چاہتا ہوں کیا آپ کے بیکر کا جبڑا اچپٹا نہیں ہے؟ بس! ہاں یا نہیں؟

چبوکوف: اگر ہو تو کیا؟ یہ کوئی اہمیت نہیں رکھتا۔ بہر حال صوبے بھر میں ہمارے بیکر سے بڑھ کر اور کوئی کتا نہیں ہے اور علی ہذاالقیاس۔

لوموف: لیکن میرا ٹریکر سب سے اچھا ہے۔ کیوں نہیں؟ ایمانداری سے کہیے!

چبوکوف: جوش میں مت آؤ میری جان، تمہارے ٹریکر میں واقعی چند صفات موجود ہیں۔۔۔۔۔۔ وہ اچھی نسل کا ہے، ٹانگیں خوب ہیں۔ اچھا پلا ہوا ہے اور علی ہذاالقیاس۔ مگر عزیز من اس میں دو بہت بڑے نقص ہیں۔ وہ بوڑھا ہے اور اس کی ناک بہت بد نما ہے۔

لوموف: معاف کیجیے میں ضعف قلب کے دورے میں مبتلا ہوں۔۔۔۔۔۔ ہمیں حقائق دیکھنے چاہئیں۔۔۔۔۔۔ اگر آپ یاد فرمائیں تو آپ کو معلوم ہو گا کہ مارو سکن کے

ہاں میرے ٹریکر نے کاؤنٹ کے سونگر کا پورا مقابلہ کیا تھا جب کہ آپ کا بیکر وہاں سے نصف میل کے فاصلے پر کھڑا تھا۔

چبوکوف: اس لیے کہ کاؤنٹ کے شکاری نے اسے چابک سے پیچھے ہٹا دیا تھا۔

لوموف: اور وہ اس کا حقدار بھی تھا۔ باقی تمام کتے تو لومڑی کا پیچھا کر رہے تھے اور بیکر نے ایک بھیڑ کو دبوچ لیا۔

چبوکوف: یہ غلط ہے!۔۔۔۔۔۔ پیارے میں گرم مزاج ہوں، اس لیے گفتگو کو یہیں بند کر دو۔۔۔۔۔۔ اس نے اسے چابک سے مارا تھا اس لیے کہ ہر شخص ایک دوسرے کے کتے سے حسد کیا کرتا ہے۔۔۔۔۔۔ ہاں وہ سب حاسد ہیں اور جناب آپ بھی اس الزام سے بری نہیں۔ مثال کے طور پر جونہی تمہیں معلوم ہوتا ہے کہ کسی کا کتا تمہارے ٹریکر سے بہتر ہے تو تم یہ اور وہ سنانا شروع کر دیتے ہو اور علی ہذا القیاس مجھے معلوم ہے!

لوموف: یہ مجھے بھی معلوم ہے۔

چبوکوف: (چڑاتے ہوئے) "یہ مجھے بھی معلوم ہے" اور تمہیں کیا معلوم ہے؟

لوموف: ضعفِ قلب!۔۔۔۔۔۔ میری ٹانگ بے حس ہو رہی ہے۔ میں۔۔۔۔۔۔

نٹالیا: (اس کی نقل اتارتے ہوئے) "ضعفِ قلب!" اچھے شکاری ہو! تمہیں تو لومڑی کا شکار کرنے کے بجائے باورچی خانے میں چولھے کے پاس بیٹھا رہنا چاہیے۔ ضعفِ قلب!

چبوکوف: ہاں تم اچھے شکاری ہو۔ واقعی بہت اچھے! زین پر سوار ہونے کے بجائے تمہیں ضعفِ قلب کے ساتھ اپنے گھر ہی ٹھہرنا چاہیے۔ تمہارے لیے شکار کھیلنا یا نہ کھیلنا ایک ہی بات ہے۔ تم تو دوسروں کے کتوں پر جھگڑا مول لیتے ہو۔ میں گرم مزاج ہوں۔

ہمیں گفتگو یہیں بند کر دینی چاہیے۔ تم بالکل شکاری نہیں ہو! اور علی ہذا القیاس۔

لوموف: اور تم۔۔۔۔۔۔ تم شکاری ہو؟ تم تو شکار کھیلنے صرف اس لیے جاتے ہو کہ کوئی فتنہ کھڑا کیا جائے اور کاؤنٹ کے ساتھ یاری گانٹھو۔۔۔۔۔۔ ہائے میرا دل!۔۔۔۔۔۔ تم فتنہ پرداز ہو!

چبوکوف: کیا؟ میں فتنہ پرداز؟ (چلا کر) زبان کو لگام دو!

لوموف: فتنہ پرداز!

چبوکوف: بزدل! کمینہ!

لوموف: بوڑھا چوہا! افترا پرداز!

چبوکوف: زبان سنبھال کر بات کرو ورنہ بٹیر کی طرح گولی سے اڑا دوں گا۔ جاہل کہیں کا!

لوموف: ہر شخص جانتا ہے۔۔۔۔۔۔ آہ، میرا دل!۔۔۔ کہ تمہاری بیوی تمہیں پیٹا کرتی تھی۔۔۔۔۔۔ ہائے میری ٹانگ۔۔۔۔۔۔ میری پیشانی۔۔۔ آنکھیں۔۔۔ میں گر پڑوں گا! گر پڑوں گا!

چبوکوف: اور تم اپنے گھر کی منتظمہ سے لرزاں ہو!

لوموف: آہ، آہ، آہ! میرا دل پھٹ گیا۔ شانہ بے حس ہو گیا ہے۔۔۔۔۔۔ میرے شانے کو کیا ہو گیا ہے؟ میں مر رہا ہوں (ایک کرسی پر گر پڑتا ہے) ڈاکٹر!

چبوکوف: کمینہ بزدل! جاہل! میں بے ہوش ہو رہا ہوں! (پانی پیتا ہے) بے ہوش!

نٹالیا: تم بھی اچھے شکاری ہو! تمہیں گھوڑے پر سوار ہونا نہیں آتا (اپنے باپ سے) ابا اسے کیا ہو گیا ہے؟ ابا! ذرا ادھر دیکھو ابا (چیخ مارتی ہے) ایفان! وہ مر گیا ہے!

چبوکوف: میں غش کھایا چاہتا ہوں! سانس نہیں آتا! ذرا ہوا چھوڑو!

نٹالیا: وہ مر گیا ہے (لوموف کو آستین سے پکڑ کر ہلاتی ہے) ایفان! ایفان! ہائے ہم نے کیا کر دیا! وہ مر گیا ہے! کرسی پر گر پڑتی ہے، ڈاکٹر! ڈاکٹر (غش کھاتی ہے)

چبوکوف: اف! یہ کیا؟ کیا چاہتی ہو تم؟

نٹالیا: (رونی آواز میں) وہ مر گیا ہے! مر گیا ہے!

چبوکوف: کون مر گیا ہے؟ (لوموف کی طرف دیکھ کر) واقعی مر گیا ہے! میرے مرشد! پانی، ڈاکٹر! (پانی کا گلاس لوموف کے لبوں کے ساتھ لگا کر) پیو۔۔۔۔۔۔ نہیں، وہ نہیں پیتا۔ تو پھر وہ واقعی مر گیا ہے اور علی ہذا القیاس۔ یہ دیکھنا میرے نصیب میں لکھا تھا! میں اپنے دماغ کو گولی سے کیوں نہیں اڑا دیتا؟ اپنا گلا کیوں نہ کاٹ لیتا؟ آخر میں انتظار کس چیز کا کر رہا ہوں؟ مجھے چاقو دو! پستول دو! (لوموف حرکت کرتا ہے) سنبھل رہا ہے۔۔۔۔۔۔ تھوڑا سا پانی پی لو۔ بس ٹھیک ہے۔

لوموف: شعلے۔۔۔۔۔۔ چکر۔۔۔۔۔۔ میں کہاں ہوں؟

چبوکوف: تم جلدی سے شادی کر لو۔۔۔۔۔۔ اور جہنم میں جاؤ! وہ رضا مند ہے (لوموف اور اپنی بیٹی کا ہاتھ ملا دیتا ہے) وہ تمہیں منظور کرتی ہے اور علی ہذا القیاس۔ میری دعائیں تمہارے ساتھ ہیں۔ صرف مجھے امن سے زندگی گزارنے دو۔

لوموف: ہیں؟ کیا؟ (اُٹھ کر) کون؟

چبوکوف: وہ تمہیں منظور کرتی ہے۔ خیر! اب ایک دوسرے کا بوسہ لو اور۔۔۔۔۔۔ جہنم میں جاؤ! اور علی ہذا القیاس۔

نٹالیا: (رونی آواز میں) وہ زندہ ہے! ہاں ہاں مجھے منظور ہے۔

چبوکوف: بوسہ لو!

لوموف: کس کا؟ (نٹالیا کا بوسہ لیتا ہے) میں بہت خوش ہوں! معاف کرنا بات کیا

ہے؟ ہاں، میں سمجھا! ضعفِ قلب۔۔۔۔۔۔ چکر۔۔۔۔۔۔ نٹالیا میں خوش ہوں (اس کا ہاتھ چومتا ہے) میری ٹانگ سو رہی ہے!

نٹالیا: میں۔۔۔۔۔۔ میں بھی خوش ہوں۔

چبوکوف: میرے دل سے یہ بات اتری! اُف!

نٹالیا: مگر۔۔۔۔۔۔ تمہیں پھر بھی تسلیم کرنا پڑے گا کہ تمہارا اٹریکر ہمارے بیکر سے اچھا نہیں ہے۔

لوموف: وہ اچھا ہے!

نٹالیا: بُرا ہے!

چبوکوف: یہ ہے گھر کی مسرت کا آغاز! شمپین

لوموف: وہ بہتر ہے!

نٹالیا: وہ نہیں ہے! نہیں ہے! نہیں ہے!

چبوکوف: (ان دونوں کے شور کو دبانے کی خاطر) شمپین، شمپین!

(پردہ)

***

ریچھ

(ڈراما)

افرادِ تمثیل

لے لینا ایوانوفنا پوپوف: (ایک بیوہ اور صاحبِ جائداد)

گریگری سٹی پینخ سمرنوف: (متوسط عمر کا زمیندار)

لیوکا: (مادام پوپوف کا بوڑھا نوکر)

منظر

مادام پوپوف کا کمرہ

مادام پوپوف (ماتمی لباس پہنے ایک تصویر پر نظریں جمائے) اور لیوکا (خادم)

لیوکا: مادام یہ درست نہیں ـــــ آپ اپنے ہاتھوں اپنی جان لے رہی ہیں ـــــ باورچن اور ماما دونوں جنگل میں بیر چننے کے لیے گئی ہیں۔ ہر ذی روح زندگی سے لطف اٹھا رہا ہے حتی کہ معمولی سی بلی بھی جانتی ہے کہ کس طرح خوش و خرم رہا جا سکتا ہے ـــــ وہ اس وقت پرندے پکڑنے میں مشغول ہے اور آپ تمام دن بند کمرے میں قید رہتی ہیں جیسے کوئی راہبہ ہو ـــــ آپ کے لیے کسی چیز میں بھی لطف نہیں۔ اس میں کوئی شک نہیں! مگر ذرا خیال تو کیجیے۔ ایک سال سے کیا کم عرصہ ہوا ہوگا، جب سے آپ نے دہلیز کے باہر قدم تک نہیں رکھا!۔

مادام پوپوف: اور میں ہر گز گھر سے باہر نہ نکلوں گی۔۔۔۔۔ آخر کیوں نکلوں؟ میری زندگی ختم ہو چکی ہے۔ وہ قبر میں مدفون ہے! اور میں نے اپنے آپ کو گھر کی چار دیواری میں دفن کر لیا ہے۔۔۔۔۔ ہم دونوں مر چکے ہیں۔

لیوکا: لو پھر وہی قصہ! میں اسے سننا پسند نہیں کرتا۔ نکولی رحلت کر چکا ہے اور یہ اٹل بات تھی۔۔۔۔۔ خدا کی مرضی میں کسی کو کیا دخل۔۔۔۔۔ خدا مرحوم کو جوارِ رحمت میں جگہ دے!۔۔۔۔۔ آپ نے ماتم کیا اور بس یہی کافی ہونا چاہیے۔۔۔۔۔ یہ ماتمی لباس اور رونا دھونا تا عمر قائم نہیں رہ سکتا۔۔۔۔۔ میں اپنی بوڑھی عورت کو مٹی دے چکا ہوں۔۔۔۔۔ میں نے غم کیا اور ایک ماہ کے قریب اس کی جدائی میں روتا رہا۔۔۔۔۔ اس قدر ماتم اس کے لیے کافی تھا اور اگر میں تمام عمر گریہ وزاری میں گزارتا تو وہ بوڑھی عورت اتنے ماتم کے قابل نہ تھی۔ (آہ بھرتا ہے) آپ نے اپنے پڑوسیوں کو بھول گئی ہیں۔ ملاقاتیوں سے ملنا ترک کر دیا ہے۔ اگر میں یہ کہوں تو بجا ہے کہ ہم چمگادڑوں کے مانند ہیں۔۔۔۔۔ ہم دن کی روشنی کو نہیں دیکھتے۔۔۔ چوہوں نے میرے کپڑوں کو کتر ڈالا ہے۔۔۔۔۔ اس طرح تو یہ معلوم ہوتا ہے کہ آپ کے گردونواح میں کوئی اچھا ملنے والا شخص ہے ہی نہیں حالانکہ تمام قصبہ شرفاء سے بھرا ہے۔۔۔۔۔ ہمارے پڑوس ہی میں ایک رجمنٹ ہے۔ دکھیا آنکھوں کے لئے ایک روح پرور نظارہ! خیمے میں ہر جمعے کے روز رقص ہوتا ہے اور باجہ تو ہر روز ہی بجتا ہے۔۔۔۔۔ آہ! میری عزیز مادام! آپ جوان ہیں اور خوبصورت بھی۔۔۔۔۔ گلاب کے پھول کی طرح حسین۔۔۔۔۔ آپ کو صرف زندہ رہنا اور زندگی سے لطف اٹھانا ہی سزاوار ہے۔۔۔۔۔ حسن تادیر قائم نہیں رہ سکتا۔۔۔۔۔ یہ آپ کو معلوم ہی ہے۔ دس سال کے بعد شاید آپ طاؤس کے مانند خوش ہونا چاہیں مگر یہ وقت نصیب نہ ہوگا۔۔۔

مادام پوپوف: میں تم سے درخواست کرتی ہوں کہ آئندہ مجھ سے ایسی گفتگو نہ کیا کرو! تمہیں معلوم ہے کہ نکولی کی وفات کے بعد زندگی کی قدر و قیمت میری نگاہوں میں باقی نہیں رہی۔ تمہیں بظاہر معلوم ہوتا ہے کہ میں زندہ ہوں مگر یہ صرف فریبِ نظر ہے! میں قسم کھا چکی ہوں کہ یہ سیاہ لباس میرے تن سے ہرگز جدا نہ ہوگا اور نہ میری نظریں بیرونی دنیا کا مطالعہ کریں گی۔۔۔۔۔۔ کیا سنتے ہو؟ خدا کرے کہ اس کی روح میری محبت کا مشاہدہ کر رہی ہو!۔۔۔۔۔۔ ہاں! اور میں جانتی ہوں کہ یہ بات تم سے پوشیدہ نہیں۔۔۔۔۔۔ وہ اکثر میرے ساتھ بدسلوکی سے پیش آتا تھا۔۔۔۔۔۔ ظالم اور۔۔۔۔۔۔ حتی کہ بے وفا تھا! مگر میں آخری لمحے تک وفا کے دامن کو نہ چھوڑوں گی اور اسے بتادوں گی کہ میں اپنی محبت میں کہاں تک ثابت قدم ہوں۔۔۔۔۔۔ قبر کی تاریک چار دیواری میں بھی وہ اس حقیقت سے غافل نہیں رہے گا کہ میں ہمیشہ وہی رہی جو اس کی موت سے قبل تھی۔

لیوکا: اس قسم کی گفتگو کرنے سے یہی بہتر ہے کہ آپ باغ میں چہل قدمی کے لیے چلی جائیں۔ یا ٹوبی اور جائنٹ کو گاڑی میں جوت کر اپنے پڑسیوں سے مل آئیں۔۔۔۔۔۔

مادام پوپوف: (رونے لگ جاتی ہے)

لیوکا: میری عزیز مادام کیا ہوا؟۔۔۔۔۔۔

مادام پوپوف: وہ ٹوبی کا بہت مشتاق تھا! جب کبھی وہ باہر جاتا تو اسی گھوڑے کی سواری کیا کرتا تھا۔۔۔۔۔۔ آہ! وہ کیسا خوب صورت سوار تھا۔۔۔۔۔۔ اس کی انگلیوں میں کسی غضب کی رعنائی تھی۔

جب وہ گھوڑے کی لگام کو اپنی پورے زور کے ساتھ کھینچا کرتا تھا۔۔۔۔۔۔ کیا تمہیں یاد ہوے۔ ٹوبی! ٹوبی!۔۔۔۔۔۔ گاڑی بان سے کہہ دینا کہ آج اسے ایک سیر دانہ

زیادہ دیا جائے۔

لیوکا: بہت خوب مادام (زور سے گھنٹی بجتی ہے)

مادام پوپوف: (چونک پڑتی ہے) دیکھو کون ہے؟ کہہ دینا میں کسی سے ملاقات نہیں کیا کرتی۔

لیوکا: بہت اچھا مادام (باہر چلا جاتا ہے)

مادام پوپوف: (تصویر کی طرف دیکھتے ہوئے) نکولس! تمہیں معلوم ہو جائے گا کہ میں کس طرح محبت میں معاف کر سکتی ہوں۔۔۔۔۔۔ (میری محبت صرف اسی صورت میں مر سکتی ہے کہ جب میرا دل پہلو میں حرکت کرنا بند کر دے (روتے ہوئے ہنس دیتی ہے) اور کیا تم شرمندہ نہیں ہو؟ میں ایک نیک لڑکی ہوں۔۔۔۔۔۔ ایک باوفا بیوی۔ میں نے اپنے آپ کو قید کر لیا ہے اور تمہاری محبت میں تادم آخر ثابت قدم رہوں گی اور تم۔۔۔۔۔۔ کیا شرمندہ نہیں ہو۔ تم گلگلے؟ تم نے مجھے دھوکا دیا۔

بیسیوں مرتبہ مجھ سے لڑے جھگڑے۔ مجھے چھوڑ کر ہفتوں باہر رہے۔

(لیوکا گھبرایا ہوا داخل ہوتا ہے)

لیوکا: مادام آپ سے کوئی صاحب ملنے آئے ہیں۔۔۔۔۔۔ ملاقات کرنا چاہتے ہیں۔

مادام پوپوف: مگر کیا تم نے اس سے کہا نہیں کہ میں نے اپنے خاوند کی وفات کے بعد ہر ملاقاتی سے ملنا ترک کر دیا ہے؟

لیوکا: میں نے ان سے کہا۔ مگر وہ سنتے ہی نہیں کہتے ہیں کہ گفتگو اشد ضروری ہے۔

مادام پوپوف: میں کسی سے نہیں۔۔۔۔۔۔ مل۔۔۔۔۔۔ سکتی!

لیوکا: میں نے یہی الفاظ اس سے کہے تھے مگر۔۔۔۔۔۔ وہ تو ایک مکمل شیطان معلوم ہوتا ہے۔ گالیاں بکتا ہوا وہ کمرے میں گھس آیا ہے۔۔۔۔۔۔ اور اب کمرۂ طعام

میں موجود ہے۔

مادام پوپوف: (تنگ آکر) اچھا! اسے کمرے میں بھیج دو۔ کس قدر غیر مہذبانہ فعل ہے!

(لیوکا چلا جاتا ہے)

مادام پوپوف: یہ لوگ کس قدر تنگ کرنے والے ہیں! آخر انہیں مجھ سے مطلب؟ وہ میرے آرام میں کیوں مخل ہوتے ہیں (آہ بھرتی ہے معلوم ہوتا ہے کہ اب مجھے واقعی کسی خانقاہ میں دن گزارنے پڑیں گے۔۔۔۔۔۔ (سوچتی ہے) ہاں!۔۔۔۔۔۔ خانقاہ میں۔۔۔۔۔۔

(لیوکا سمرنوف سمیت داخل ہوتا ہے)

سمرنوف: (داخل ہوتے وقت لیوکا سے) اوندھی کھوپڑی تو بہت باتونی معلوم ہوتا ہے کہ! گدھا کہیں کا! (مادام پوپوف کو دیکھ کر وقار سے) مادام! میں آپ سے متعارف ہونے کا فخر حاصل کرتا ہوں۔۔۔۔۔۔ گریگری سٹی پینخ سمرنوف زمیندار اور سابق فوجی لیفٹینٹ۔۔۔۔۔۔ میں ایک نہایت ضروری معاملے کے سلسلے میں آپ کو تکلیف دینے پر مجبور ہوں۔

مادام پوپوف: (ہاتھ پیش نہ کرتے ہوئے) میں آپ کی کیا خدمت کرسکتی ہوں۔

سمرنوف: آپ کے مرحوم شوہر میرے ملنے والے تھے۔ اس کی طرف دو بلوں کے سلسلے میں میرے بارہ ہزار روبل نکلتے ہیں۔ چونکہ مجھے کل ساہوکارہ بنک میں سود کی ایک رقم داخل کرانا ہے اس لیے میں آپ کو یہ تکلیف دینے پر مجبور ہوں کہ وہ روپیہ مجھے آج عنایت کردیا جائے۔

مادام پوپوف: بارہ ہزار!۔۔۔۔۔۔ میرے خاوند نے آپ سے یہ روپیہ کس غرض

کے لیے قرض لیا تھا؟۔

سمرنوف: گھوڑوں کا دانہ خرید اتھا۔

مادام پوپوف: (آہ بھرتے ہوئے لیوکا سے) لیوکا! بھولنا مت! آج ٹوبی کو ایک سیر زائد دانہ ملے (لیوکا چلا جاتا ہے۔ سمرنوف سے) اگر نکولی کے ذمے آپ کے کچھ روپے ہیں تو میں یقیناً وہ ادا کر دوں گی۔۔۔۔۔۔ مگر آج مجھے معاف فرمایئے میرے پاس فی الحال اتنی رقم موجود نہیں۔ خانساماں پرسوں تک شہر سے واپس آجائے گا۔ میں اس سے کہہ دوں گی کہ آپ کا روپیہ ادا کر دے۔ مگر اس وقت سے پہلے میں آپ کے لئے کچھ بھی نہیں کر سکتی۔۔۔۔۔۔ اس کے علاوہ آج میرے خاوند کو وفات پائے پورے سات ماہ ہوئے ہیں اور میں اس وقت اس حالت میں نہیں ہوں کہ روپے کے معاملے میں کسی قسم کی گفتگو کر سکوں۔

سمرنوف: اور میں اس حالت میں ہوں کہ اگر کل روپیہ ادا نہ ہو سکا تو مجھے اپنے دماغ میں پستول کی گولی اتارنا پڑے گی۔۔۔۔۔۔ وہ میری ساری جائداد فروخت کر دیں گے۔

مادام پوپوف: پرسوں آپ کو روپیہ مل جائے گا۔

سمرنوف: میں روپیہ پرسوں نہیں بلکہ آج چاہتا ہوں۔

مادام پوپوف: اگر میرے پاس روپیہ موجود نہ ہو تو میں کیا کر سکتی ہوں؟

سمرنوف: اس کے معنی ہوئے کہ آپ ادا نہیں کر سکتیں؟

مادام پوپوف: نہیں!

سمرنوف: ہوں! کیا آپ کا آخری جواب یہی ہے؟

مادام پوپوف: جی ہاں!

سمرنوف: آخری؟۔۔۔۔۔۔ بالکل آخری؟

مادام پوپوف: بالکل آخری!

سمرنوف: بہت بہت شکریہ۔ مجھے یہ بات یاد رہے گی۔ (شانوں کو جنبش دیتا ہے) اور پھر مجھ سے یہ توقع ہے کہ میں خاموش رہوں! ابھی ابھی محکمہ آبکاری کے افسر نے مجھ سے دریافت کیا تھا" گریگری تم ہر وقت خشم آلود کیوں رہتے ہو؟" اپنی جان کی قسم! یہ غصہ کیونکر ضبط ہو سکتا ہے؟۔۔۔۔۔۔ مجھے روپوں کی اشد ضرورت ہے۔ میں اسی جستجو میں پرسوں دن چڑھنے سے پہلے گھر سے روانہ ہوتا ہوں اور ہر قرض دار کے گھر پر دستک دیتا ہوں۔ مگر کچھ وصول نہیں ہوتا۔ اب ذلیل کتے کی مانند تھک کر چور ہو گیا ہوں۔ یوں خدا معلوم رات کہاں بسر کی تھی۔۔۔۔۔۔ ایک یہودی کے شراب خانے میں وودکا ا کے پیپے کے ساتھ۔۔۔۔۔۔ آخر یہاں پہنچتا ہوں۔ یعنی گھر سے پورے پچاس میل دور۔ یہ امید لیے کہ مجھے روپیہ مل جائے گا۔ مگر یہاں دماغی توازن درست نہ ہونے کا عذر پیش کیا جاتا ہے!۔۔۔۔۔۔ آخر میں اپنی طبیعت پر کسی طرح قابو پا سکتا ہوں؟

مادام پوپوف: مجھے یاد ہے کہ میں آپ سے ایک مرتبہ صاف طور پر کہہ چکی ہوں کہ خانساماں کی واپسی پر آپ کو روپیہ ادا کر دیا جائے گا۔

سمرنوف: میں آپ سے گفتگو کرنے آیا ہوں نہ کہ خانساماں سے!۔۔۔۔۔۔ مجھے اس شیطان۔۔۔۔۔۔ بے ادبی معاف۔۔۔۔۔۔ مجھے آپ کے خانساماں سے کیا غرض؟

ا۔ روسی شراب

مادام پوپوف: معاف فرمائیے جناب میں اس قسم کے الفاظ اور لب و لہجے کی عادی نہیں ہوں۔۔۔۔۔۔ میں آپ سے گفتگو کرنا نہیں چاہتی (جلدی سے باہر چلی جاتی ہے)

سمرنوف: اپنی جان کی قسم! دماغی توازن! اس کے خاوند کو مرے سات مہینے ہو چکے ہیں۔۔۔۔۔۔ مگر آیا مجھے سود ادا کرنا ہے یا نہیں؟۔۔۔۔۔۔ اس میں کوئی شک نہیں کہ

تمہارا خاوند مر چکا ہے۔ تم غم کی حالت میں ہو، اور اسی طرح کی دیگر فضولیات میں گرفتار ہو۔ تمہارا خانساماں کہیں گیا ہوا ہے۔ جہنم میں جائے!۔۔۔۔۔ مگر میں کیا کروں؟۔۔۔۔۔ کسی غبارے پر سوار ہو کر قرض خواہوں سے بھاگ جاؤں؟ یا دیوار سے سر پھوڑ کر مر جاؤں؟ میں گرزڈوف کے ہاں گیا۔۔۔۔۔ گھر پر نہیں ہے۔ یاروشی وخ چھپا ہوا تھا۔ کرٹیسن کے ساتھ جھگڑا ہوا اور مار پیٹ تک نوبت پہنچ گئی۔ مازوٹوف بیمار تھا اور اس کی طبیعت ناساز ہے! ان تمام کم بختوں میں سے کسی نے بھی ایک پھوٹی کوڑی تک ادا نہیں کی صرف اس لیے کہ میں ان سے نرمی کے ساتھ پیش آتا ہوں۔۔۔۔۔ اس لیے کہ میں بے وقوف ہوں، کیا گزرا بوڑھا! میں نے ان کے ساتھ بہت مہذبانہ اور نرم سلوک کیا ہے۔ مگر ٹھہرو تو سہی میں تمہیں بتا دوں گا۔ کیا کر سکتا ہوں۔ تم اب مجھے بے وقوف نہیں بنا سکو گے! میں یہاں اس وقت تک چمٹا رہوں گا جب تک کہ یہ مجھے روپیہ ادا نہ کر دے۔۔۔۔۔ اف! آج یہ میری طبیعت کس قدر جوش کھا رہی ہے۔۔۔۔۔ غصے کی انتہا یہ ہے کہ سانس مشکل سے چل رہا ہے۔۔۔۔۔ اف! لعنت! میں تو ابھی سے اپنے آپ کو بیمار محسوس کر رہا ہوں۔ (چلاتا ہے) ارے کوئی ہے؟

(لیوکا آتا ہے)

لیوکا: کیا ہے؟

سمرنوف: تھوڑا سا پانی یا شراب لاؤ۔

(لیوکا چلا جاتا ہے)

سمرنوف: یہ بھی خوب منطق ہے! ایک شخص کو روپے کی سخت ضرورت ہے۔۔۔۔۔ اس کے پاس پھوٹی کوڑی تک موجود نہیں اور یہ صرف اس لیے ادا نہیں کر سکتی کہ اس وقت اس حالت میں نہیں ہے کہ روپے کے معاملے میں گفت و شنید

کرسکے!۔۔۔۔۔ عورتوں کی منطق کی نمایاں مثال! یہی وجہ ہے کہ میں عورتوں سے گفتگو کرنا پسند نہیں کرتا اور نہ میں نے آج تک پسند کیا ہے۔

میں تو کسی آتش گیر مادے کے پیپے پر بیٹھنے کو عورت کے ساتھ گفتگو کرنے پر ترجیح دوں گا! اف! میں سرتا پا غصہ بن رہا ہوں۔۔۔۔۔ اس حوا کی بیٹی نے مجھے کس قدر خشم انگیز کر دیا ہے! بس جب کبھی اس قسم کی شاعرانہ ہستی دور سے بھی دیکھ پاتا ہوں تو میری ٹانگیں غصے کی وجہ سے کانپنا شروع کر دیتی ہیں۔ جی چاہتا ہے کہ پکار اٹھوں "مدد"، "مدد"!

(لیوکا داخل ہوتا ہے اور اسے پانی کا گلاس دیتا ہے)

لیوکا: مادام کی طبیعت ناساز ہے اور انہوں نے ملاقاتیوں سے ملنا بند کر رکھا ہے۔

سمرنوف: بھاگ جاؤ!

(لیوکا چلا جاتا ہے)

سمرنوف: طبیعت ناساز ہے اور ملاقاتیوں سے ملنا جلنا بند کر رکھا ہے! بہت خوب نہ ملو۔۔۔۔۔ میں اس وقت تک یہیں رہوں گا۔ جب تک تم مجھے روپیہ ادا نہ کرو گی۔۔۔۔۔ اگر تمہاری طبیعت ایک ہفتے تک درست ہو گئی تو ایک ہفتہ ہی میں یہاں قیام کروں گا۔ اگر تم ایک سال بیمار رہو گی تو ایک سال تک ہی میں یہاں ٹھہرا رہوں گا۔۔۔۔۔ مجھے اپنا روپیہ واپس ملنا چاہیے۔ میری اچھی خاتون! تمہارے گالوں کے ننھے گڑھے اور یہ ماتمی لباس مجھے متاثر نہیں کر سکتے! ہم سب ان گڑھوں کو اچھی طرح سمجھتے ہیں! (کھڑکی کے پاس جا کر چلاتا ہے) سیمیون! گھوڑوں کو باہر لے جاؤ۔ ہم آج نہیں جا رہے ہیں۔ اصطبل والوں سے کہہ دینا کہ ان کو دانہ کھلا دیا جائے۔ ارے! تم نے بائیں ہاتھ کے گھوڑے کی پھر باگ میں ٹانگ پھنس جانے دی ہے۔۔ وحشی کہیں کے! (بڑبڑاتے ہوئے) خیر! اب درست ہے (کھڑکی کے پاس سے چلا آتا ہے) فضا کس

قدر خراب ہے! گرمی ناقابل برداشت ہے اور کوئی شخص کوڑک تک ادا نہیں کرتا۔ کل رات سخت بے چینی میں کاٹی ہے اور اب یہ ماتمی عورت خرابی طبیعت کا بہانہ کر رہی ہے!۔۔۔۔۔ سر میں شدت کا درد ہے۔۔۔۔۔ کیا وودکا ملے گا؟۔۔۔۔۔ شاید مل جائے (بآواز بلند پکارتا ہے) کوئی ہے؟

(لیوکا داخل ہوتا ہے)

لیوکا: کیا ہے؟

سمرنوف: وودکا کا ایک گلاس لاؤ (لیوکا باہر چلا جاتا ہے) اُف! (بیٹھ کر اپنے کپڑوں کا امتحان کرتا ہے) عجیب ہیئت بنی ہے! سر سے پیر تک غبار سے اٹا ہوں۔ کیچڑ سے بھرا ہوا بوٹ۔ بالوں میں کنگھی نہیں منہ کل سے نہیں دھویا۔ واسکٹ پر تنکے پڑے ہیں! اس خاتون نے شاید یہی خیال کیا ہو گا کہ کوئی راہزن ہے (جمائی لیتا ہے)۔۔۔۔۔ اس حالت میں ملاقاتی کمرے میں داخل ہونا تہذیب کے سراسر خلاف ہے۔۔۔۔۔ مگر اس میں کیا حرج ہے، میں ملاقاتی نہیں ہوں۔۔۔۔۔ ایک قرض خواہ کے لیے ہر لباس مناسب ہے۔

(لیوکا داخل ہوتا ہے)

لیوکا: (گلاس دیتے ہوئے) جناب آپ آزادی سے کام لے رہے ہیں۔

سمرنوف: (غصے میں) کیا؟

لیوکا: کچھ بھی نہیں، میں صرف۔۔۔۔۔

سمرنوف: کس سے گفتگو کر رہے ہو؟ چپ رہو اب!

لیوکا: (اپنے آپ سے) یہ ضرور کوئی نہ کوئی آفت ہے۔ غالباً کوئی آندھی لے آئی ہے اسے۔

سمرنوف: اف! کتنا غضب ناک ہو رہا ہوں! معلوم ہوتا ہے کہ تمام دنیا کو سرمہ بنا دینا چاہتا ہوں۔۔۔۔۔۔ طبیعت واقعی خراب ہو رہی ہے۔۔۔۔۔۔(پکارتا ہے) کوئی ہے؟

(مادام پوپوف نگاہیں نیچی کیے داخل ہوتی ہے)

مادام پوپوف: جناب تخلیہ میں رہنے کے باعث میرے کان بہت عرصے سے انسانی آواز کے عادی نہیں اور یہ شور برداشت نہیں کر سکتے۔ میں آپ سے نہایت مودبانہ گزارش کرتی ہوں کہ میرے آرام میں مخل نہ ہوجیئے۔

سمرنوف: میرا روپیہ ادا کر دیجیے میں چلا جاؤں گا۔

مادام پوپوف: میں واضح الفاظ میں کہہ چکی ہوں کہ میرے پاس اس وقت روپیہ موجود نہیں۔ پرسوں تک انتظار کیجیے۔

سمرنوف: میں بھی آپ سے واضح الفاظ میں عرض کر چکا ہوں کہ مجھے روپیہ کی ضرورت ہے۔۔۔۔۔۔ پرسوں نہیں بلکہ آج، اگر آپ آج روپے نہ دیں گی تو کل مجھے اپنے آپ کو پھانسی پر لٹکانا پڑے گا۔

مادام پوپوف: مگر میں کیا کر سکتی ہوں جب کہ میرے پاس روپیہ موجود ہی نہیں؟ عجیب مصیبت ہے!

سمرنوف: تو اس کے یہ معنی ہیں کہ آپ مجھے اس وقت روپیہ ادا نہیں کر سکتیں۔۔۔۔۔۔ نہیں کر سکتیں؟

مادام پوپوف: نہیں۔۔۔۔۔۔

سمرنوف: اس صورت میں یہیں ٹھہروں گا اور اس وقت تک ٹھہرا رہوں گا جب تک مجھے اپنی رقم وصول نہ ہو جائے (بیٹھ جاتا ہے) روپیہ پرسوں ادا کیا جائے! بہت

خوب! میں پرسوں تک یہیں بیٹھا رہوں گا۔۔۔۔۔ اسی طرح جما رہوں گا۔ (پھدک کر پھر بیٹھ جاتا ہے) کیا میں اپنا سود کل ادا کرنے پر مجبور نہیں ہوں؟ یا آپ نے یہ سمجھ رکھا ہے کہ میں مذاق کر رہا ہوں؟

مادام پوپوف: جناب میں استدعا کرتی ہوں کہ اس طرح شور نہ مچایئے یہ اصطبل نہیں ہے۔

سمرنوف: میں اصطبل کے متعلق آپ سے سوال نہیں کر رہا میں پوچھ رہا ہوں۔۔۔۔۔ کیا میں کل اپنا سود ادا کر رہا ہوں یا نہیں؟

مادام پوپوف: آپ عورتوں کے ساتھ مہذبانہ گفتگو کرنا نہیں جانتے۔

سمرنوف: میں عورتوں کے ساتھ مہذب گفتگو کرنا جانتا ہوں۔

مادام پوپوف: نہیں تم نہیں جانتے۔ تم غیر مہذب اور ناشائستہ انسان ہو اچھے لوگ عورتوں کے ساتھ اس قسم کی گفتگو نہیں کیا کرتے۔

سمرنوف: ادھو۔ یہ تو خوب ہے! ہاں یہ تو بتایئے کہ میں آپ سے کس طرز کی گفتگو کروں؟ فرانسیسی یا کسی اور زبان میں (زیادہ غضب ناک ہو کر اور ذرا لکنت سے) مادام! میں کس قدر خوش ہوں کہ آپ مجھے روپیہ ادا نہیں کر رہیں۔ تکلیف دہی کے لیے معافی کا طالب ہوں! آج کیسا پیارا دن ہے؟ اور یہ ماتمی لباس آپ کے جسم پر کتنا بھلا دکھائی دے رہا ہے (ادب سے جھکتا ہے)

مادام پوپوف: یہ بہت غیر مناسب اور وحشیانہ گفتگو ہے۔

سمرنوف: (تمسخر اڑاتے ہوئے) غیر مناسب اور وحشیانہ! میں عورتوں سے اچھی طرح گفتگو کرنا نہیں جانتا۔۔۔۔۔ مادام! مجھے ان چڑیوں سے کہیں زیادہ عورتوں سے سابقہ پڑا ہے جو آپ نے اب تک دیکھی ہیں۔ میں عورتوں کے سلسلے میں تین لڑائیاں لڑ

چکا ہوں۔ ہاں! کبھی وہ دن تھے کہ میں بالکل بے وقوف اور ناسمجھ تھا۔۔۔۔۔۔ جذباتی اور شہد کی طرح شیریں۔ بات بات پر جھکا کرتا تھا۔۔۔۔۔۔ دامِ الفت میں گرفتار ہوا اور رنج و آلام سہے۔ چاند کی معکوس روشنی دیکھ کر آہیں بھریں۔۔۔۔۔۔ میں نے وارفتگی سے محبت کی۔ ہر پہلو سے ثابت قدم رہا۔ لعنت ہو مجھ پر!۔۔۔۔۔۔ نیل کنٹھ کی طرح صنف لطیف کے حقوق پر نغمہ آرائی کرتا رہا۔ اپنی نصف دولت اس نازک جذبے کی نذر کردی۔۔۔۔۔۔ مگر اب۔۔۔۔۔۔ نہیں مہربانی! اب تم مجھے اپنے دام میں نہیں پھانس سکتی ہو۔ میں کافی سبق حاصل کر چکا ہوں! کالی بھویں، مد بھری آنکھیں، لب لعلیں، چاہِ غبغب، چاندنی، سرگوشیاں، خوف زدہ سانس۔۔۔۔۔۔ میں اب ان چیزوں کے لئے تانبے کا ایک پیسہ تک نہیں دے سکتا۔ مادام! آپ کو علیحدہ کرتے ہوئے، تمام عورتیں خواہ وہ جوان ہوں یا بوڑھی فطرتی طور پر جلد پھر جانے والی، باتونی، اذیت رساں، دروغ گو، حقیر، ادنیٰ، اور بے رحم ہوتی ہیں۔۔۔۔۔۔ ان کی منطق سخت اشتعال انگیز ہوتی ہے اور اس صنف کے بارے میں (اپنی پیشانی پر ہاتھ مارتا ہے) میری صاف گوئی معاف! اس فلسفی کو جو زنانہ لباس میں ملبوس ہو چڑیاں بھی سبق پڑھا سکتی ہیں! آدمی شاعرانہ ہستی کو دیکھتا ہے۔۔۔۔۔۔ سر تا پا سپید ململ میں لپٹی ہوئی، ایک فرشتہ، دیوی، مجسمہ محبت، اور اس کی روح میں جھانک کر دیکھے تو وہ ایک حقیر مگر مچھ سے کچھ زیادہ وقعت نہیں رکھتی (ایک کرسی کا سہارا لیتا ہے۔ کرسی ٹوٹ جاتی ہے) مگر سب سے زیادہ مشتعل کرنے والی چیز یہ ہے کہ یہ مگر مچھ کسی وجہ سے خیال کرتا ہے کہ اس کی خود مختاری اور اجارہ داری ہی محبت کا جذبہء نازک ہے! لیکن لعنت ہو مجھ پر!۔۔۔۔۔۔ آپ مجھے اس کیل پر الٹا لٹکا کر پھانسی دے سکتی ہیں۔ اگر کوئی عورت سوائے اپنے پالتو کتے کے کسی اور کی محبت میں ثابت قدم رہی ہو! محبت کے دوران میں شکوہ و شکایت کرنے کے علاوہ اور کچھ نہیں

کر سکتی۔۔۔۔۔ آپ بد قسمتی سے عورت ہیں اور اس لیے عورت کی فطرت کا مطالعہ آپ اپنے آپ سے کرتی ہیں، ایمان داری سے بتایے کہ کیا آپ نے ابھی تک کوئی ایسی عورت دیکھی ہے جو وفا شعار، ثابت قدم اور صاف دل ہو؟۔۔۔۔۔ آپ ایسی مثال نہیں پیش کر سکتیں۔ ایک سینگوں والی بلی آسانی سے مل سکتی ہے مگر وفادار عورت ڈھونڈنے سے بھی نہیں مل سکتی۔

مادام پوپوف: تو کیا آپ بتا سکتے ہیں کہ پھر محبت میں کون ثابت قدم رہتا ہے۔ مرد تو رہ نہیں سکتے۔

سمرنوف: یقیناً مرد!

مادام پوپوف: مرد! (ہنستی ہے) مرد، محبت میں سچے اور ثابت قدم!۔۔۔۔۔ یہ تو بالکل نئی بات ہے (غصے میں) آپ کو کیا حق پہنچتا ہے کہ اس قسم کا فیصلہ مرتب کریں؟ مرد سچے اور ثابت قدم!۔۔۔۔۔ اگر اسی کے متعلق گفتگو کرنی ہے تو میرا خاوند ان تمام مردوں سے جو میرے ملنے والے تھے نسبتاً بہتر تھا۔۔۔۔۔ میں اس سے بہت محبت کیا کرتی تھی۔ ایسی محبت جو ایک نوجوان اور پاک باز عورت کر سکتی ہے۔ میں نے اپنی جوانی اس کی نذر کر دی۔ زندگی، مسرت، دولت سب کچھ حوالے کر دیا۔ وہ میرے جسم کی روح تھا۔ ایک بت تھا جس کی میں پجارن بن کر رہی۔۔۔۔۔ اور یہ مرد جو اوروں سے بہتر تھا قدم قدم پر مجھے نہایت شرمناک طریقے پر دھوکا دیتا۔ اس کی موت کے بعد مجھے میز کا ایک خانہ عشقیہ خطوط سے بھرا ہوا ملا۔ اور جب وہ زندہ تھا!۔۔۔۔۔ (اس کی یاد کس قدر دہشت خیز ہے) وہ مجھے ہفتوں کے لیے اکیلا چھوڑ جایا کرتا تھا۔ میری آنکھوں کے سامنے وہ بہت سی عورتوں سے اظہار عشق کرتا اور مجھ سے دغا کرتا تھا۔ میرے روپے کو برباد کرتا اور میرے احساسات کا مضحکہ اڑاتا تھا۔۔۔۔ مگر باوجود ان سب باتوں کے

میری محبت میں کوئی فرق نہ آنے پایا۔۔۔۔۔ اور اس سے بڑھ کر اور کیا ہو سکتا ہے کہ میں اب بھی ویسی ہی ثابت قدم اور وفا کیش ہوں۔ میں نے ان چار دیواروں کے اندر اپنے آپ کو ہمیشہ کے لیے قید کر لیا ہے اور اس ماتمی لباس کو میں اپنے تن سے ہر گز جدا نہ ہونے دوں گی۔

سمرنوف:(حقارت سے ہنستے ہوئے)ماتمی لباس!نہ معلوم آپ نے مجھے کیا سمجھ رکھا ہے جیسے میں کچھ جانتا ہی نہیں ہوں کہ یہ سیاہ لباس پہن کر چار دیواری میں مقید رہنے سے آپ کا کیا مطلب ہے!۔۔۔۔۔ واقعی بڑا پر اسرار ہے۔۔۔۔۔ اور رومان انگیز!۔۔۔۔۔ اگر کوئی نوجوان مبتدی شاعر آپ کے گھر کے پاس سے گزرے گا تو وہ کھڑکیوں کی طرف دیکھ کر یہ کہے گا" یہاں وہ پر اسرار عورت رہتی ہے جس نے اپنے خاوند کی محبت میں اپنے آپ کو گھر میں قید کر رکھا ہے۔"۔۔۔۔۔ میں ان ہتھکنڈوں کو اچھی طرح سمجھتا ہوں۔

مادام پوپوف:(شرم سے سرخ ہوتے ہوئے) کیا؟ تم یہ کہنے کی کیوں کر جرأت کر سکتے ہو؟

سمرنوف: آپ نے اپنے آپ کو زندہ دفن تو کر لیا ہے۔ مگر چہرے پر غازہ لگانا نہیں بھولیں!

مادام پوپوف:اس قسم کی نازیبا گفتگو کی تم کیونکر جرات کر سکتے ہو؟

سمرنوف: ازارہِ عنایت شور نہ مچایے۔۔۔۔۔ میں خانساماں نہیں ہوں! مجھے حق گوئی سے کام لینے دیجیے۔ میں عورت نہیں ہوں۔ اس لیے کھری کھری بات کہنے کا عادی ہوں۔۔۔۔۔ شور نہ مچایئے گا اب!

مادام پوپوف: میں خاموش ہوں۔ یہ تمہیں ہو جو اس طرح چلا رہے ہو۔۔۔۔۔

خدا کے لئے اب تم جاؤ۔

سمرنوف: روپیہ ادا کر دیجیے تو میں ابھی چلا جاتا ہوں۔

مادام پوپوف: میں ہرگز نہیں دوں گی۔

سمرنوف: مگر آپ کو دینا ہو گا!

مادام پوپوف: تمہاری اسی ضد پر میں ایک کوڑی تک بھی ادا نہ کروں گی۔۔۔۔۔۔ بہتر یہی ہے کہ یہاں سے چلے جاؤ

سمرنوف: معاف کرنا۔ تم میری بیاہتا یا منسوبہ نہیں ہو اس لیے اس قسم کا جھگڑا مت کرو (بیٹھ جاتا ہے) مجھے یہ گفتگو ایک آنکھ نہیں بھاتی۔

مادام پوپوف: (غیر مہذبانہ الفاظ سن کر حیران ہوتے ہوئے) تم بیٹھ رہے ہو؟

سمرنوف: ہاں! ہاں!

مادام پوپوف: میں درخواست کرتی ہوں۔ تم یہاں سے چلے جاؤ۔

سمرنوف: روپیہ ادا کر دو (ایک طرف ہو کر) میں کس قدر غضب ناک ہو رہا ہوں۔

مادام پوپوف: میں ناشائستہ لوگوں کی گفتگو سننا پسند نہیں کرتی۔ ازارہِ عنایت یہاں سے چلے جاؤ (ذرا ٹھہر کر) کیا نہیں جاؤ گے۔۔۔۔۔۔ نہیں جاؤ گے؟

سمرنوف: نہیں!

مادام پوپوف: نہیں؟

سمرنوف: نہیں!

مادام پوپوف: بہت اچھا ٹھہرو (گھنٹی بجاتی ہے)

(لیوکا داخل ہوتا ہے)

مادام پوپوف: لیوکا! اس شخص کو دروازہ دکھا دو۔

لیوکا: (سمرنوف کے قریب جاتا ہے) جناب! جب آپ سے کہا گیا ہے تو تشریف کیوں نہیں لے جاتے۔ یہاں ٹھہرے رہنے میں کوئی فائدہ نہیں۔۔۔۔۔

سمرنوف: (کرسی پر سے کود کر) زبان کو لگام دو! جانتے ہو کس سے گفتگو کر رہے ہو؟۔۔۔۔۔ قیمہ بنا دوں گا۔ خیال رہے!

لیوکا: (اپنے دل کے مقام پر ہاتھ رکھتا ہے) خداوند! (کرسی پر بیٹھ جاتا ہے) آہ! میں بیمار ہو رہا ہوں! بیمار ہو رہا ہوں! سانس مشکل سے چل رہا ہے!

مادام پوپوف: ڈاشا کہاں ہے؟۔۔۔۔۔ ڈاشا! (پکارتی ہے) ڈاشا! پیلیگیا! ڈاشا (گھنٹی بجاتی ہے)

لیوکا: اُف!۔۔۔۔۔ وہ بیر چننے گئی ہیں۔۔۔۔۔ گھر میں کوئی بھی موجود نہیں۔۔۔۔۔ طبیعت سخت خراب ہو رہی ہے، پانی!

مادام پوپوف: برائے مہربانی یہاں سے چلے جائیے۔

سمرنوف: ذرا گرم گفتاری سے کام لیجیے۔

مادام پوپوف: (مٹھیاں بھینچتے ہوئے اور ایڑیوں کو زمین پر مار کر) تم ریچھ ہو!۔۔۔۔۔ ایک وحشی ریچھ! بکواسی! دیو!

سمرنوف: کیا؟ کیا کہا؟

مادام پوپوف: کہتی ہوں تم ریچھ ہو۔۔۔۔۔ دیو ہو!

سمرنوف: (کھڑے ہوتے ہوئے) معاف کرنا، تمہیں کیا حق حاصل ہے کہ میری اس طرح ہتک کرو؟

مادام پوپوف: ہاں! میں تمہاری ہتک کر رہی ہوں۔۔۔۔۔ پھر کیا؟ کیا یہ سمجھ رہے ہو میں تم سے خائف ہوں؟

سمرنوف: اور کیا تمہارے خیال میں ایک شاعرانہ چیز ہوتے ہوئے تمہیں ہر شخص کی بے عزتی کرنے کا حق حاصل ہے؟۔۔۔۔۔۔ دعوتِ مبارزت قبول ہو!

لیوکا: میرے اللہ!۔۔۔۔۔۔ پانی!! پانی!!

سمرنوف: پستول!

مادام پوپوف: اگر تم مضبوط ہاتھوں کے مالک ہو اور سانڈ کی طرح ڈکار سکتے ہو تو کیا تمہارا خیال ہے میں ڈر جاؤں گی؟

سمرنوف: مبارزت کے ذریعے سے اس چیز کا فیصلہ ہو گا! مجھے اس کی کچھ پرواہ نہیں کہ تم عورت ہو۔۔۔۔۔۔ ایک کمزور حریف!

مادام پوپوف: (سمرنوف کی آواز کو دباتے ہوئے) ریچھ! ریچھ! ریچھ!

سمرنوف: اب وہ وقت نہیں رہا کہ صرف مرد ہی ہتک کے لیے سزا بھگتیں۔ اگر مساوات قائم ہونی ہے تو ابھی سے ہو گی۔ لعنت ہو سب پر! تمہیں دعوتِ مبارزت قبول کرنا ہو گی۔

مادام پوپوف: ڈوئل چاہتے ہو؟ بہت خوشی سے۔

سمرنوف: ابھی اسی لمحے۔

مادام پوپوف: اسی لمحے۔ میرے خاوند کے پاس پستول تھے۔۔۔۔۔۔ میں ابھی لاتی ہوں (باہر جاتی ہے اور جلدی سے واپس چلی آتی ہے)۔۔۔۔۔۔ میں کس قدر خوش ہوں گی جب پستول کی آہنی گولی تمہارے بھدے دماغ سے پار ہو گی۔ لعنت ہو تم پر۔ (چلی جاتی ہے)

سمرنوف: میں اسے پرندے کی طرح آسانی سے گولی کا نشانہ بنا دوں گا۔ دودھ پیتا بچہ نہیں ہوں، جذباتی اور رومانی انسان نہیں۔۔۔۔۔۔ عورتوں کے غمزے اور ادائیں

میری نظروں میں کچھ معنی نہیں رکھتیں۔

لیوکا: میرے اچھے صاحب! (گھٹنوں کے بل کھڑے ہو کر) خدا کے لیے اس بوڑھے آدمی پر رحم کیجیے۔ ہیاں سے تشریف لے جایئے۔ میں پہلے ہی سے خوف کے مارے سرد ہوا جارہا ہوں اور اب آپ لڑرہے ہیں۔

سمرنوف: (لیوکا کی بات پر کان نہ دھرتے ہوئے) ڈوئل! واقعی یہ مساوات ہے! اسی سے تو انصاف کی آزادی کا پتہ چلتا ہے۔ میں اسے گولی کا نشانہ بنادوں گا۔ مگر کتنی بہادر عورت ہے۔ (اسے لعن طعن کرتا ہے) کہہ رہی تھی "لعنت ہو تم پر! تمہارے بھدے دماغ میں گولی اتار دوں گی!"۔۔۔۔۔۔ کیسی عورت ہے، اس کے گال سرخ ہورہے تھے آنکھیں چمک رہی تھیں۔۔۔۔۔۔ اس نے مقابلہ منظور کرلیا، اپنی عزت کی قسم، آج سے قبل ایسی عورت کبھی دیکھنے میں نہیں آئی!۔۔۔۔۔۔

لیوکا: اچھے صاحب! تشریف لے جایئے۔ میں آپ کے لیے دعا کیا کروں گا۔

سمرنوف: وہ واقعی عورت ہے، مجھے یہ جرأت بہت پسند ہے! سر سے پیر تک عورت! جذبات کا شمہ بھر بھی موجود نہیں بلکہ سراپا شعلہ ہے۔ آتش گیر مادہ، آتش بازی کا ایک چکر!۔۔۔۔۔۔ اس عورت کو ہلاک کرنے کے بعد مجھے واقعی افسوس ہو گا۔

لیوکا: (روتا ہے) جناب! یہاں سے چلے جایئے۔

سمرنوف: یہ عورت مجھے پسند ہے۔ واقعی بہت پسند ہے، گو اس کے گالوں میں گڑھے ہیں، مگر پھر بھی وہ مجھے بہت بھاتی ہے۔ میں اسے تمام قرض بخش دوں گا۔ میرا غصہ کافور ہو گیا ہے۔۔۔۔۔۔ خوب عورت ہے!

(مادام پوپوف دو پستول لیے داخل ہوتی ہے)

مادام پوپوف: یہ رہے پستول۔۔۔۔۔۔ مگر قبل اس کے کہ ہم ایک دوسرے پر

گولیاں چلائیں مجھے سکھا دو کہ پستول کس طرح چلاتے ہیں۔۔۔۔۔۔ میں نے عمر بھر پستول کو چھوا تک نہیں۔

لیوکا: خدا رحم کرے! میں جا کر گاڑی والے اور باغبان کو ڈھونڈتا ہوں۔۔۔۔۔۔ نہ معلوم یہ تکلیف کی آندھی کہاں سے نمودار ہو گئی؟ (چلا جاتا ہے)

سمرنوف: (پستولوں کا امتحان کرتے ہوئے) پستول بہت قسم کے ہوتے ہیں۔۔۔۔۔۔ یہ سمتھ کمپنی کے تیار کردہ ہیں۔۔۔۔۔۔ بہت اچھے ہیں۔۔۔۔۔۔ کوئی سو سو روبل کے قریب قیمت ہو گی۔۔۔۔۔۔ دیکھیے پستول کو اس طرح پکڑیئے گا (اپنے آپ سے) کیسی حسین آنکھیں ہیں، کیسی حسین آنکھیں ہیں۔۔۔۔۔۔ ساحرہ ہے۔۔۔۔۔۔

مادام پوپوف: کیا اس طرح؟

سمرنوف: بالکل درست ۔۔۔۔۔۔ اب لبلبی کو اوپر اٹھایئے۔۔۔۔۔۔ اس طرح نشانہ باندھیے۔۔۔۔۔۔ سر کو ہلکی سی جنبش دیجیے۔ ہاتھ کو لمبا لے جایئے۔۔۔۔۔۔ ٹھیک ہے۔۔۔۔۔۔ پھر اس ننھی سی چیز کو دبا دیجیے اور بس۔ مگر خیال رہے کہ لبلبی دباتے وقت پریشانی غلبہ نہ پائے اور نشانہ بڑے اطمینان سے لیا جائے ہاتھ ہرگز ہرگز نہ کانپے۔

مادام پوپوف: بہت اچھا۔۔۔۔۔۔ مگر یہاں اس کمرے میں لڑنا درست نہیں۔ آؤ باہر باغ میں چلیں۔

سمرنوف: چلو مگر میں تو صرف ہوا میں گولی چلاؤں گا۔

مادام پوپوف: وہ کیوں؟

سمرنوف: اس لیے۔۔۔۔۔۔ اس لیے۔۔۔۔۔۔ کہ یہ میری مرضی ہے۔

مادام پوپوف: اب ڈر رہے ہو؟ ہاہا! نہیں جناب! اب میں حیل و حجت نہیں سنوں گی۔ مہربانی کر کے چلیے۔۔۔ میں اس وقت تک مطمئن نہیں ہو سکتی جب تک آپ کے سر

میں گولی نہ اتر جائے۔ اس سر میں جس سے مجھے سخت نفرت ہے۔ کیا واقعی ٹال رہے ہو؟

سمرنوف: واقعی!

مادام پوپوف: سراسر جھوٹ! ۔۔۔۔۔۔ مگر تم لڑنے پر آمادہ کیوں نہیں ہو؟

سمرنوف: اس لیے ۔۔۔۔۔۔ اس لیے ۔۔۔۔۔۔ کہ میں تمہیں پسند کرتا ہوں۔

مادام پوپوف: (زہریلی مسکراہٹ کے ساتھ) مجھے پسند کرتا ہے۔ یہ کہنے کی جرات کرتا ہے۔ (دروازے کی طرف اشارہ کرتے ہوئے) تم جاسکتے ہو۔

سمرنوف: (خاموشی سے پستول ہاتھ سے رکھ دیتا ہے۔ ٹوپی اٹھا کر چلنے لگتا ہے، مگر دروازے کے قریب ٹھہر جاتا ہے۔ نصف لمحہ تک وہ ایک دوسرے کی طرف خاموش نگاہوں سے دیکھتے ہیں ۔۔۔۔۔۔ مادام پوپوف کی طرف جا کر) کیا آپ ابھی تک ناراض ہیں؟ ۔۔۔۔۔۔ مگر آپ جانتی ہیں ۔۔۔۔۔۔ آہ! میں اپنا مفہوم کس طرح ادا کروں؟ دیکھیے حقیقت یہ ہے ۔۔۔۔۔۔ یعنی معاملہ یوں ہے ۔۔۔۔۔۔ دیگر الفاظ میں (روتا ہے) مگر یہ میرا قصور نہیں ہے کہ میں تمہیں پسند کرتا ہوں (کرسی کا سہارا لیتا ہے کرسی ٹوٹ جاتی ہے) لعنت! تمہارا آرائشی سامان کس قدر نازک ہے۔ میں تمہیں پسند کرتا؟ ۔۔۔۔۔۔ سمجھتی ہو؟ ۔۔۔۔۔۔ تمہاری محبت میں گرفتار ہوں۔

مادام پوپوف: دور ہو جاؤ! مجھے تم سے سخت نفرت ہے۔

سمرنوف: میرے معبود! کیسی نادر عورت ہے، کم از کم آج تک میری نظر سے اس قسم کی عورت نہیں گزری ۔۔۔۔۔۔ میں برباد ہو گیا ہوں۔ تباہ ہو گیا ہوں! ۔۔۔۔۔۔ اس چوہے کی مانند ہوں جو پنجرے میں گرفتار کر لیا گیا ہو۔

مادام پوپوف: بھاگ جاؤ، ورنہ گولی چلا دوں گی۔

سمرنوف: چلا دو! تم اس مسرت کا اندازہ نہیں کرسکتی ہو جو ان درخشاں آنکھوں

کے سامنے مرنے سے ایک شخص کو نصیب ہو سکتی ہے۔۔۔۔۔۔ ان مخملی ہاتھوں میں پکڑے ہوئے پستول سے ہلاک ہونا!۔۔۔۔۔۔ دیوانہ ہو گیا ہوں۔ سوچ کر ابھی ابھی فیصلہ کرلو، کیونکہ اگر میں ایک دفعہ یہاں سے چلا گیا تو پھر ملاقات بہت مشکل ہے!۔۔۔۔۔۔ فیصلہ کرونا۔۔۔۔۔۔ میں اچھے خاندان سے تعلق رکھتا ہوں۔ شریف آدمی ہوں۔ دس ہزار روبل ماہوار معقول آمدنی بھی ہے۔۔۔۔۔۔ نشانے میں اتنا ماہر ہوں کہ سکہ ہوا میں اچھال کر دو ٹکڑے کر سکتا ہوں۔۔۔۔۔۔ میرے اصطبل میں اچھے سے اچھے گھوڑے موجود ہیں۔۔۔۔۔۔ کیا میری بیوی بننا قبول کرتی ہو؟

مادام پوپوف: (حقارت سے پستول کو اٹھاتے ہوئے) ڈوئل! ہمیں فیصلہ کرلینا چاہیے۔

سمرنوف: میں دیوانہ ہو گیا ہوں۔۔۔۔۔۔ کچھ سمجھ میں نہیں آتا (پکارتا ہے) کوئی ہے! پانی!

مادام پوپوف: (چلاتی ہے) کہہ رہی ہوں ابھی فیصلہ ہونا چاہیے۔

سمرنوف: میں پاگل بن گیا ہوں۔ ایک لڑکے کی طرح محبت میں گرفتار ہوں۔۔۔۔۔۔ بیوقوف کی مانند! (اس کا ہاتھ پکڑتا ہے، وہ چلاتی ہے) میں تم سے محبت کرتا ہوں (گھٹنوں کے بل کھڑا ہو کر) ایسی محبت جو میں نے آج سے پہلے کسی سے نہیں کی۔۔۔۔۔۔ بارہ عورتوں کو ٹھکرا چکا ہوں اور نو مجھے ٹھکرا چکی ہیں۔ مگر اب بالکل موم ہوا جا رہا ہوں۔۔۔۔۔۔ کھیر کے مانند نرم۔ گھٹنوں کے بل گر کر تمہیں اپنا دل پیش کر رہا ہوں۔۔۔۔۔۔ اس قدر غیر مردانہ فعل ہے۔ میں نے مدت سے کسی سے دل نہیں لگایا۔ اس لیے کہ میں حلف اٹھا چکا تھا، مگر یہاں شکست ہوئی جاتی ہے۔۔۔۔۔۔ دل پیشِ خدمت ہے۔ بتاؤ۔ ہاں! یا نہیں؟۔۔۔۔۔۔ بہت اچھا نہ سہی (اٹھ کر تیزی سے دروازے

کی جانب بڑھتا ہے) اچھا۔

مادام پوپوف: ٹھہرو!

سمرنوف: (ٹھہر کر) کیوں؟

مادام پوپوف: کچھ نہیں۔۔۔۔۔۔ جاؤ! مگر خیر ٹھہرو تو۔۔۔۔۔۔ نہیں نہیں، جاؤ! میں تم سے متنفر ہوں!۔۔۔۔۔۔ نہیں! مت جاؤ!۔۔۔۔۔۔ آہ! اگر تمہیں صرف اتنا معلوم ہو کہ میں کس قدر خشم ناک ہوں!(پستول میز پر پھینک دیتی ہے) انگلیاں اس خوفناک چیز کے پکڑنے سے بے حس ہو گئی ہیں (اپنے رومال کو غصے میں پھاڑتی ہے) کھڑے کیوں ہو؟۔۔۔۔۔۔ جاؤ!

سمرنوف: خدا حافظ!

مادام پوپوف: ہاں، ہاں، جاؤ!(بآواز بلند پکارتی ہے) کہاں جا رہے ہو؟ ٹھہرو تو۔۔۔۔۔۔ نہیں تم جا سکتے ہو۔۔۔۔۔۔ آہ طبیعت کس قدر غصے سے بھری ہے۔ نزدیک مت آنا! میرے نزدیک مت آنا!

سمرنوف: (اس کی طرف جاتے ہوئے) میں اپنے آپ سے کتنا خفا ہوں۔ سکول کے لڑکے کے مانند محبت میں گرفتار ہوں۔۔۔۔۔۔ گھٹنوں کے بل گرا تھا۔۔۔۔۔۔ یہ خیال مجھے سرد کر دیتا ہے۔۔۔۔۔۔ تم سے اس طرح محبت کرتا ہوں جیسے میں واقعی دامِ الفت میں گرفتار ہونا چاہتا تھا! کل مجھے سود کی رقم ادا کرنی ہے۔۔۔۔۔۔ گھاس کا موسم شروع ہے اور ان سب چیزوں سے پہلے تمہاری محبت نمودار ہو گئی ہے۔۔۔۔۔۔ (اس کی کمر میں بازو ڈالتا ہے) میں اپنے آپ کو ہرگز معاف نہ کروں گا!

مادام پوپوف: (چلا کر) چلے جاؤ! اپنے بازو ہٹا لو!۔۔۔۔۔۔ میں تم سے سخت متنفر ہوں۔۔۔۔۔۔ تمہیں دعوت مبارزت۔۔۔۔۔۔ قبول کرنا۔۔۔۔۔۔ ہو گی (ایک لمبا

بوسہ)

(لیو کا کلہاڑی سے مسلح، باغبان کدال پکڑے، گاڑی بان لوہے کا پنجہ تھامے اور مزدور لاٹھیاں اٹھائے داخل ہوتے ہیں)

لیوکا: (دونوں کو بغلگیر دیکھ کر) میرے معبود!!

(ایک وقفہ)

مادام پوپوف: (آنکھیں جھکا کر) لیوکا! اصطبل میں کہہ دینا کہ ٹوبی کو ایک سیر زائد دانہ نہ دیا جائے۔

(پردہ)

***

خادمہ

(افسانہ)

رات-----------------

سیز دہ سالہ آیا "وارکا" جُھولے کو آہستہ آہستہ ہلا رہی ہے۔ جسمیں ننھا سا بچہ لیٹا ہوا ہے اور دبی زبان میں لوری گنگنا رہی ہے۔

"سو جاؤ میرے ننھے چاند سو جاؤ-----میں تمہیں لوری دے رہی ہوں"۔

جھولے کے سامنے ایک سبز رنگ کا لیمپ جل رہا ہے۔ کمرے میں ایک رسی پر سیاہ پتلون اور ننھے کے کپڑے لٹک رہے ہیں۔ جن کے لمبے لمبے سائے وارکا اور بچے کے جُھوٹے پر پڑ رہے ہیں-----------

لیمپ کی بتی کے شعلے کے ساتھ سائے بھی رقص کرنا شروع کر دیتے ہیں۔ جیسے تیز ہوا میں پتیاں کانپ رہی ہوں۔

کمرے میں سخت حبس ہو رہا ہے۔ اور ایسا معلوم ہوتا ہے۔ جیسے گوبھی کا بدبودار شوربہ پاس ہی رکھا ہو۔ یا یہ جگہ کسی بوٹ بنانے والے کی دُکان ہو۔

بچہ چلا رہا ہے۔ گو اسے چلاتے چلاتے یہ وقت آگیا ہے اور وہ اس چیخ پکار سے تھکا ہوا معلوم ہوتا ہے۔ مگر پھر بھی روئے جا رہا ہے اور یہ معلوم نہیں کہ کب چپ ہو۔

بیچاری وارکا کو نیند آرہی ہے۔ نیند کے غلبہ سے آنکھیں بند ہو رہی ہیں۔ سر آگے کو

جھکا جا رہا ہے۔ گردن میں شدت کا درد ہو رہا ہے۔ اس میں اتنی طاقت نہیں۔ کہ لبوں یا آنکھوں کو ہلا سکے۔ اسے ایسا معلوم ہو رہا ہے کہ اس کا کا آہ سر خشک چوب سے تراشا ہوا ہے۔ اور سکڑ کر سوئی کے سِرے برابر رہ گیا ہے۔

"سو جاؤ میرے ننھے چاند سو جاؤ۔۔۔۔۔۔" وہ برابر گنگنا رہی ہے۔

جھینگر دردناک راگ الاپنے میں مصروف ہیں۔ ملحقہ کمرے سے آقا اور اس کے شاگرد افانسی کے خراٹوں کی آواز آرہی ہے۔

بچے کا جھولا غمناک آواز پیدا کر رہا ہے۔ یہ تمام آوازیں مل کر ایک تسکین بخش راگ پیدا کر رہی ہیں۔ ان اشخاص کے لئے جو بستر میں آرام سے لیٹے ہوں۔ مگر اس وقت یہ راگ تکلیف دہ اور گرانبار معلوم ہو رہا ہے اس لئے کہ اسکی موجودگی میں وارکا کا سو جانا یقینی ہے۔

اور اگر وارکا خدا نہ کرے۔۔۔۔۔۔۔۔۔ خدا نہ کرے سو جائے تو اس کا آقا اور مالکہ اسے خوب مار پیٹ کرے۔

لیمپ کی بتی کانپنے لگتی ہے۔ سبز روشنی کے دھبے اور لانبے لانبے سائے حرکت کرنے لگ جاتے ہیں۔ جو وارکا کی نیم وا، خواب آلود آنکھوں اور تھکے ہوئے دماغ کے سامنے دھند میں لپٹی ہوئی تصویریں معلوم ہوتی ہیں۔

اب اس کی نظروں میں یہ دھندلی تصویریں سیاہ بادلوں کی صورت اختیار کر لیتی ہیں۔ جو آسمان میں ایک دوسرے کا تعاقب کر رہے ہوں۔

یکایک ہوا چلتی ہے جو بادلوں کو منتشر کر دیتی ہے۔ اب وارکا پتلے کیچڑ سے بھری ہوئی ایک وسیع سڑک کو دیکھتی ہے جس کے دائیں بائیں چھکڑے قطار در قطار کھڑے ہیں۔ اور درمیان میں لوگ کندھوں پر تھیلے اٹھائے تکان سے چور چل رہے

ہیں۔۔۔۔۔۔ دفعتاً یہ لوگ معہ اپنے تھیلوں کے کیچڑ میں گر پڑتے ہیں۔

"تم کیوں گرے ہو؟" وارکا ان سے سوال کرتی ہے۔

وہ جواب دیتے ہیں۔ "سونے کے لئے"۔

یہ کہہ کر وہ گہری اور میٹھی نیند سو جاتے ہیں۔ جب کہ کوّے اور نیل کنٹھ بجلی کی تاروں پر بیٹھے ان کو جگانے کیلئے بچوں کی طرح چیخ رہے ہوتے ہیں۔

"سو جاؤ میرے ننھے چاند سو جاؤ۔۔۔۔۔۔ وارکا گنگناتی اور اپنے آپ کو ایک تنگ و تار جھونپڑی میں پاتی ہے۔ جہاں اسکا مرحوم باپ درد کی وجہ سے زمین پر لیٹ رہا ہے۔ درد کی شدت کا یہ عالم ہے کہ وہ منہ سے سوائے اُف۔۔۔۔۔۔ اُف۔۔۔۔۔۔ اُف اور کچھ نہیں بول سکتا۔

اس کی ماں پلیوگیویا گھر میں موجود نہیں کیونکہ وہ آقا کو خبر دینے گئی ہوئی ہے کہ یافین مر رہا ہے۔ اس کو گئے ہوئے ایک عرصہ گزر چکا ہے۔ حالانکہ اس وقت تک اسے واپس آجانا چاہئے تھا۔ وارکا انگیٹھی کے قریب خاموش بیٹھی ہوئی اپنی والدہ کو کراہتا سُن رہی ہے۔ دفعتاً وہ جھونپڑی کے باہر کسی گاڑی کی آواز سنتی ہے۔۔۔۔۔۔ اتنے میں ایک جوان ڈاکٹر اندر داخل ہوتا ہے۔ جسکا چہرہ تاریکی کی وجہ سے بخوبی نظر نہیں آتا۔۔۔۔۔۔۔۔ وارکا اسے اتنا کہتا ہوا سنتی ہے۔

"روشنی کرو"!

جواب میں یافین اُف اُف کے سوا کچھ اور نہیں کہہ سکتا۔

پلیوگیویا دیا سلائی ڈھونڈنے کی خاطر انگیٹھی کی طرف دوڑتی ہے۔۔۔۔۔۔ ایک منٹ مکمل خاموشی میں گزر جاتا ہے۔ اس کے بعد ڈاکٹر اپنی جیب سے دیا سلائی نکال کر روشن کرتا ہے۔۔۔۔۔۔۔۔

" جناب! ذرا اسے روشن ہی رکھئے۔۔۔۔۔۔ میں ابھی آئی۔ یہ کہتی ہوئی پلیوگیویا جھونپڑی کے باہر دوڑ کر موم بتی کا ایک چھوٹا سا ٹکڑا لاتی ہے۔

یافین کے رخسار سرخ ہو رہے ہیں اور اس کی آنکھیں غیر معمولی طور پر چمک رہی ہیں۔ جیسے وہ جھونپڑی اور ڈاکٹر کو چیرتی ہوئی کسی موہوم چیز کا مطالعہ کر رہی ہو۔

"میاں کیا سوچ رہے ہو؟۔۔۔۔۔۔۔۔کب سے یہ تکلیف ہے تمہیں؟"

ڈاکٹر اس کی طرف جھکتے ہوئے کہتا ہے۔

" جناب! مر رہا ہوں۔۔۔۔۔۔۔ میرا وقت قریب آگیا ہے حضور!۔۔۔۔۔۔۔ تھوڑے عرصے کے بعد میں اس دنیا سے رخصت ہونے والا ہوں۔"

"بیہودہ باتیں مت کرو! ہم تمہیں صحت یاب کر دیں گے۔

"اس عنایت کیلئے ہم غریب شکر گزار ہیں جناب!۔۔۔۔۔۔۔۔ معلوم ہوتا ہے۔۔۔۔۔۔۔جب موت آتی ہے۔ تو پھر اس سے بچنا؟؟"

ڈاکٹر یافین نصف گھنٹہ معائنہ کرنے کے بعد کہتا ہے۔"معاملہ میری مدد سے باہر ہے۔ تمہارے لئے ضروری ہے کہ تم کسی ہسپتال چلے جاؤ۔ وہیں پر تمہارا علاج ہو سکتا ہے۔۔۔۔۔ بس جلدی جاؤ۔۔۔۔۔ بہت دیر ہو چکی ہے اور ہسپتال والے سو رہے ہونگے۔۔۔۔۔ "مگر اس کی کوئی پرواہ نہیں۔ میں تمہیں ایک رقعہ لکھ دیتا ہوں۔

سنتے ہو یا نہیں؟"

"مہربان جناب! وہ اتنی دور پیدل کس طرح جائے۔۔۔۔۔ ہمارے پاس کوئی گھوڑا نہیں"۔ پلیوگیویا نوجوان ڈاکٹر کو مخاطب کرتے ہوئے کہتی ہے۔

"فکر مت کرو۔ میں تمہارے آقا سے کہہ دیتا ہوں۔ وہ تمہیں گھوڑا مہیا کر دیگا

۔ڈاکٹر رخصت ہو جاتا ہے۔۔۔۔۔۔۔۔۔ موم بتی بھی رخصت ہو جاتی ہے۔

اب پھر وہی "اُف۔اُف" کی آواز شروع ہو جاتی ہے۔

کوئی نصف گھنٹہ کے قریب جھونپڑی کے باہر کوئی گاڑی ٹھہرتی ہے۔ یہ گاڑی چھکڑا تھا۔ جو یافین کو ہسپتال لے جانے کے لئے اس کے آقا نے بھیجا تھا۔ یافتن تیار ہو کر چلا جاتا ہے۔ اب دن چڑھ آیا۔ پلیو گیویا گھر پر نہیں۔ کیونکہ وہ یافتن کی خبر لینے کیلئے ہسپتال گئی ہوئی ہے۔۔۔۔۔ کسی جگہ بچے کے چلاّنے کی آواز آرہی ہے۔ اور وار کا کسی کو اپنی آواز میں ہی گنگناتا ہوا سنتی ہے۔

"سو جاؤ میرے ننھے چاند سو جاؤ۔۔۔۔۔۔"

اتنے میں پلیو گیویا واپس آتی ہے۔ اور اپنی چھاتی پر صلیب کا نشان بناتے ہوئے دبی زبان میں کہتی ہے۔ "ڈاکٹروں نے اسے رات تک کے لئے تو اچھا کر دیا۔ مگر صبح کے وقت اس نے اپنی روح خدا کے حوالہ کر دی۔۔۔۔۔ خدا اس کی روح کو چین بخشے۔۔۔۔۔۔۔۔۔۔ وہ کہتے ہیں کہ اسے بہت دیر بعد ہسپتال لایا گیا۔ اس لئے چاہیے تھا کہ وہ پہلے ہی وہاں چلا جاتا"۔

وار کا یہ سنتے ہی دیوانہ وار سڑک پر چلاّنا شروع کر دیتی ہے۔ مگر دفعتاً کوئی شخص اس کے سر پر ایسی ضرب لگاتا ہے کہ اس کی پیشانی ایک درخت کے تنے سے ٹکراتی ہے۔۔۔۔۔ آنکھ اٹھا کر دیکھتی ہے۔ تو سامنے اسے اپنا آقا۔۔۔۔۔ یعنی پاپوش ساز نظر آتا ہے۔

"نابکار!۔۔۔۔۔ بچہ چلاّ رہا ہے اور تم گہری نیند سو رہی ہو"۔ پاپوش ساز وار کا کو سر پر تھپڑ مارتا ہوا کہتا ہے۔

وار کا سر کو جنبش دے کر جھولا اور ہلانا اور لوری دینا شروع کر دیتی ہے۔

کمرے میں روشنی کے دھبے اور کپڑوں کے سائے کانپتے ہیں۔ اور وارکا کی طرف دیکھتے ہوئے سر ہلاتے معلوم ہوتے ہیں۔ تھوڑی دیر بعد سب چیزیں پھر وارکا کے دماغ پر قابو پا لیتی ہیں۔ اب پھر وہ کیچڑ سے بھری ہوئی سڑک دیکھتی ہے۔ جس میں تھیلوں والے شخص گہری نیند سو رہے ہیں۔ انہیں سوتے دیکھ کر وارکا کے دل میں بھی خواہش پیدا ہوتی ہے۔ کہ وہ تھوڑی دیر کیلئے سو جائے۔ مگر اسکی ماں پلیوگیویا اس کے ساتھ ہے جو اسے آگے دھکیل رہی ہے۔۔۔۔۔ وہ دونوں نوکری ڈھونڈنے کی خاطر شہر کی جانب بڑھ رہی ہیں۔

"خدارا ہمیں کچھ بھیک دیجئے۔۔۔۔۔ خدارا ہم پر رحم فرمایئے۔ اس کی ماں راہ گزروں سے مانگتی ہے۔

"بچے کو یہاں بھیج دو" ایک مانوس آواز جواب دیتی ہے۔

وہی آواز دوبارہ پکارتی ہے۔" یہ سنتے ہی وارکا اچھل پڑتی ہے۔ اور اپنے ارد گرد دیکھتی ہے کہ معلوم کرے معاملہ کیا ہے۔۔۔۔۔ اب نہ وہ بڑی سڑک ہے۔ اور نہ اس کی ماں پلیوگیویا اور نہ ہی وہ شخص جن سے وہ بھیک مانگ رہی تھی۔ اگر کوئی اس وقت کمرہ میں موجود ہے۔ تو اس کی مالکہ جو بچے کو دودھ پلانے کے لیے آئی ہوئی ہے۔

وارکا کھڑی انتظار کر رہی ہے کہ وہ مالکہ کے دودھ پلانے کے بعد بچہ کو پھر لے لے۔ کھڑکیوں سے باہر دھندلی سی روشنی نظر آ رہی ہے۔ کمرے میں کپڑوں کے سائے اور روشنی کے دھبے آہستہ آہستہ زرد ہو رہے ہیں۔۔۔۔۔ تھوڑی دیر بعد سورج طلوع ہو گا۔

"اسے لے جاؤ۔۔۔۔۔ عرصہ سے چلاّ رہا ہے۔ معلوم ہوتا ہے اس پر جادو کیا گیا ہے"۔ مالکہ اپنے کوٹ کے بٹن بند کرتے ہوئے کہتی ہے۔

وار کا بچہ کو لے کر جھولے میں لٹا دیتی ہے اور اسے ہلانا شروع کر دیتی ہے۔ روشنی کے دھبے اور سائے قریباً قریباً غائب ہو چکے ہیں۔ اب کمرہ میں کوئی ایسی چیز موجود نہیں جو اس کے دماغ اور آنکھوں پر اثر پذیر ہو سکے مگر وہ پھر بھی پہلے کی طرح سونا چاہتی ہے۔

وار کا اپنا سر جھولے کے کنارے رکھ کر کوشش کرتی ہے کہ کسی نہ کسی طرح نیند پر غلبہ پالے۔ مگر بے سود۔ اس کی آنکھیں ملی جا رہی ہیں اور سر بدستور بھاری ہو رہا ہے۔

"وار کا انگیٹھی میں کوئلے ڈالو" وہ دروازہ سے اپنے آقا کی آواز سنتی ہے۔ چنانچہ اب وقت آگیا ہے کہ وار کا اٹھ کر گھر کا کام کاج شروع کر دے۔۔۔۔۔۔ جھولے کو چھوڑ کر کوئلہ لانے کیلئے بھاگی ہوئی گودام میں جاتی ہے۔۔۔۔۔۔ وہ اب خوش ہے۔۔۔۔۔۔ اس لئے کہ جب بدن حرکت میں ہو تو نیند بہت کم ستاتی ہے۔

کوئلہ لا کر وہ انگیٹھی گرم کرتی ہے۔ اب اسے محسوس ہوتا ہے کہ اس کا چوبی چہرہ پھر زندگی اختیار کر رہا ہے اور خیالات آہستہ آہستہ صاف ہو رہے ہیں۔

"وار کا سماوار گرم کرو" اس کی مالکہ چلاتی ہے۔

اس پر وار کا لکڑی کو چھوٹے چھوٹے ٹکڑوں میں کاٹتی ہے۔ اور ابھی انھیں جلانے نہیں پائی ہوتی کہ ایک تازہ حکم سنتی ہے۔

"وار کا اپنے آقا کے بڑے بوٹ صاف کرو"

وہ بڑے بوٹوں کو لے کر فرش پر بیٹھ جاتی ہے۔ اور سوچتی ہے کہ کیا ہی اچھا ہو۔ اگر وہ اس بڑے بوٹ میں سر ڈال کر تھوڑا سا آرام کرے۔۔۔۔۔۔ یک لخت وہ بوٹ بڑھنا شروع ہوتا ہے اور سارے کمرہ میں پھیل جاتا ہے۔ وار کا کے ہاتھ سے برش گر پڑتا ہے مگر وہ اسی وقت سر کو جنبش دیکر آنکھیں کھول دیتی ہے۔ اور اپنے گرد و نواح کی چیزوں کو اس انداز سے دیکھنے کی کوشش کرتی ہے تا کہ وہ بڑی ہو کر آنکھوں کے سامنے حرکت نہ

کریں۔

"وارکا! سیڑھیوں کو دھو ڈالو۔۔۔۔۔۔ اتنی میلی سیڑھیاں دیکھ کر گاہک کیا خیال کریں گے۔ مجھے تو شرم محسوس ہوتی ہے۔

وارکا سیڑھیوں کے دھونے کے علاوہ کمروں کو بھی صاف کرتی ہے اور پھر دوسرے سماوار کو گرم کرنے کے بعد دکان کی طرف بھاگی جاتی ہے۔

اسے وہاں بہت کام کرنے ہیں۔ اس لئے وہ ایک لمحہ بھی ضائع نہیں کر سکتی۔

اس سے بڑھ کر کوئی اور تکلیف دہ کام نہیں ہو سکتا کہ باورچی خانہ میں میز کے قریب بیٹھ کر آلو تراشے جائیں۔ وارکا کا سر میز پر جھکا جا رہا ہے۔ آلو اس کی آنکھوں کے سامنے رقص کرتے نظر آتے ہیں۔ چاقو اس کے ہاتھ سے پھسل جاتا ہے۔ اور اس کے کانوں میں مالکہ کی آواز گونج رہی ہوتی ہے۔ جو اس کے قریب قمیض کو کہنیوں تک چڑھائے بلند آواز میں باتیں کر رہی ہوتی ہے۔

سارا دن کپڑے دھونے، برتن صاف کرنے، کھانا چننے اور سینے پرونے میں بسر کرنا بھی آلو تراشنے کی طرح تکلیف دہ ہے۔۔۔۔۔۔ کبھی کبھی ان کاموں سے تنگ آ کر وارکا اتنی بیتاب ہو جاتی ہے کہ ننگے فرش پر سو جائے۔

دن گزر جاتا ہے۔۔۔۔۔۔ کھڑکیوں کو تاریک ہوتے دیکھ کر وارکا کنپٹیوں کو زور سے دباتی ہے۔ جو چوبِ خشک سے تراشی ہوئی محسوس ہوتی ہیں۔۔۔۔۔۔ سنتی ہے۔ گو اسے خود معلوم نہیں کیوں؟

شام کی بڑھتی ہوئی تاریکی اس کی نیم وا آنکھوں کیلئے وعدہ خواب لے کر آتی ہے مگر تھوڑی دیر کے بعد مہمان آ جاتے ہیں۔

"وارکا سماوار گرم کرو۔" اس کی مالکہ بلند آوار میں حکم دیتی ہے۔

چونکہ سماوار چھوٹا ہے۔ اس لئے اسے تمام مہمانوں کو چائے پلانے کیلئے اسے پانچ چھ مرتبہ گرم کرنا پڑتا ہے۔ چائے تقسیم کرنے کے بعد وارکا دوسرے احکام کی منتظر ایک گھنٹہ تک وہاں کھڑی رہتی ہے۔

"وارکا بھاگ کر تین بوتلیں بیر کی خرید لاؤ۔"

وارکا اس خیال سے کہ تیز دوڑنے سے نیند کا غلبہ دور ہو جائے گا۔ بیر خریدنے کیلئے بھاگی ہوئی جاتی ہے۔

"وارکا تھوڑی سی دود کا ایک قسم کی شراب لاؤ!۔۔۔۔۔۔ وارکا بوتل کھولنے کا اوزار لاؤ!۔۔۔۔۔۔ وارہ اس گلاس کو صاف کرو!"

آخرش مہمان رخصت ہو جاتے ہیں۔ کمرے کی روشنی گل کر دی جاتی ہے اور آقاو مالکہ دونوں سونے کے لیے چلے جاہیں۔

"بچے کا جھولا ہلاتی رہو"۔ وارکا آخری حکم سنتی ہے۔

انگیٹھی میں جھینگر دردناک راگ الاپتے ہیں۔ روشنی کے دھبے اور کپڑوں کے سائے کا رقص وارکا کی آنکھوں پر پھر قابض ہو کر اسکے دماغ کو دھندلا بنا دیتا ہے۔

"سو جاؤ میرے ننھے سو جاؤ"۔۔۔۔۔۔ وہ گنگنانا شروع کر دیتی ہے۔ بچہ چلاتا ہے۔ اور چلاتے چلاّتے تھک جاتا ہے۔۔۔۔۔۔ اب وارکا وہی کیچڑ سے لت پت سڑک، تھیلوں والے مزدور، اپنی ماں پلیوگیویا اور باپ کو دیکھتی ہے۔۔۔۔۔۔ وہ ان دھندلی تصویروں کو اچھی طرح سمجھتی ہے اور سب کو پہچانتی ہے۔ مگر نیم خوابی کی حالت میں وہ اس طاقت کو جس نے اس کے ہاتھ پاؤں باندھ رکھے ہیں۔ جو اس کی چھاتی پر بوجھ ڈال رہا ہے اور اسے زندہ رہنے دیتا، نہیں سمجھ سکتی۔ اس طاقت کی جستجو کیلئے وہ اپنے اردگرد نظر دوڑاتی ہے تاکہ اس کے پنجوں سے بھاگ نکلے۔ مگر بے سود۔ آخر کار اس تلاش سے تنگ آکر وہ اس

وقت کوڈھونڈنے کیلیئے آخری کوشش کرتی ہے۔ وہ اپنی تمام قوتیں صرف کر دیتی ہے۔

روشنی کے رقصاں دھبوں اور کپڑوں کے متحرک سائے پر نظر دوڑانے کے بعد وہ اس دشمن کو پالیتی ہے۔ جو اس کی زندگی میں "سدِراہ ہو رہا ہے۔

وہ دشمن بچہ تھا۔

وہ ہنستی ہے۔ اس خیال سے کہ ایسے آسان معمہ کا حل وہ اس سے پہلے نہ کر سکی ۔روشنی کے دھبے، کپڑوں کے سائے اور جھینگر بھی مسکراتے اور متحیر معلوم ہوتے ہیں۔

یہ خیال وارکا کے دماغ پر پوری مسلط ہو جاتا ہے۔چوکی سے اٹھ کر مسکراتی ہوئی، بغیر جھپکنے والی آنکھوں سے کسی موہوم چیز کو دیکھتی ہوئی وہ کمرے میں ٹہلنا شروع کر دیتی ہے۔۔۔۔۔۔ وہ خوش ہے اور یہ خیال اسکی خوشی کو دوبالا کر رہا ہے کہ تھوڑے عرصے کے بعد وہ جس نے اس کے ہاتھ پاؤں باندھ رکھے ہیں موجود نہ ہو گا، بچے کی موت کے بعد نیند۔۔۔۔۔ نیند۔۔۔۔۔ نیند۔۔۔۔۔۔۔۔۔۔

روشنی کے دھبوں کو دیکھ کر ہنستی، آنکھیں جھپکاتی اور انگلیوں کو حرکت دیتی ہوئی وارکا بچے کے جھولے کی طرف بڑھتی ہے۔

بچے کو ہلاک کر کے وہ فوراً زمین پر لیٹ جاتی ہے۔۔۔۔۔۔ خوشی کی وجہ سے ہنستی ہے کہ وہ اب آرام سے سوئے گی۔۔۔۔۔۔ تھوڑی دیر کے بعد وہ گہری نیند سو جاتی ہے۔۔۔۔۔۔ موت کی گہری نیند۔

***

ڈاکیہ

(افسانہ)

ترجمہ: شاہد اختر

رات بہت بیت چکی تھی۔ تین بج رہے تھے۔ ڈاکیہ اپنی علی الصبح ڈیوٹی پر جانے کی تیاری تقریباً مکمل کر چکا تھا۔ اپنی وردی کے اوپر گرم اوور کوٹ چڑھایا ہوا تھا۔ سر پر ڈاکخانے کی مہر لگی ٹوپی پہنے وہ منتظر تھا کہ ڈرائیور ڈاک کے سب تھیلے تین گھوڑوں والی گاڑی میں لاد دے جو ابھی دروازے پر آکر کھڑی ہوئی تھی۔

غنودگی کا مارا پوسٹ ماسٹر اپنی کرسی پر بیٹھا اونگھ رہا تھا۔ اسکی میز کرسی کے ساتھ ایسے رکھی ہوئی تھی کہ لگتا تھا وہ کاؤنٹر کے سامنے بیٹھا ہے۔ وہ ایک فارم بھر رہا تھا اور فارم سے نظر اٹھایے بغیر اس نے ڈاکیے کو مخاطب کیا۔

میرے بھانجے کو بہت ضروری ریلوے سٹیشن پر پہنچنا ہے۔ اپنی ماں کے پاس گاؤں جا رہا ہے۔ مجھے پتہ ہے کہ قانون میں ڈاک کی گاڑی میں کسی پرائیویٹ سواری کو بٹھانا منع ہے لیکن کیا ہو سکتا ہے۔ میں اس کے لئے الگ سے گھوڑا گاڑی کرنے سے تو قاصر رہا، تم اس کو اپنے ساتھ ہی بٹھا لینا۔ کوئی بات ہوئی تو میں سنبھال لوں گا۔

گاڑی تیار ہے۔ باہر سے کوچوان نے آواز لگائی

کون لے جا رہا ہے گاڑی آج؟ ڈاکیے نے پوچھا

گلازوف، پوسٹ ماسٹر نے جواب دیا، چلو خدا کے حوالے۔ احتیاط سے جاؤ۔ رسید پر دستخط کرو اور نکلو۔

ڈاکیے نے رسید پر دستخط کیے اور باہر چلا گیا۔ اندھیرے کی وجہ سے اگرچہ صاف نظر نہیں آ رہا تھا لیکن ایک گھوڑا گاڑی کا خاکہ سا دکھائی دے رہا تھا۔ تینوں گھوڑے ساکت کھڑے تھے۔ سوائے بیچ والے گھوڑے کے جس کے سر ہلانے کی وجہ سے کبھی کبھی گھنٹی بجنے کی آواز سنائی دیتی تھی۔ ڈاک کے تھیلے اندھیرے کا ڈھیر لگ رہے تھے، گاڑی کے نزدیک دو سائے سے نظر آ رہے تھے۔ ان میں ایک سایہ ایک سکول کے لڑکے کا تھا جو کتابیں ہاتھوں میں تھامے ہوئے تھا اور دوسرا گھوڑا گاڑی کے کوچوان کا جو پائپ پی رہا تھا۔ جلتے تمباکو کی چمک بغیر کسی سہارے کے ادھر سے ادھر آتی جاتی نظر آ رہی تھی۔ کبھی یہ چمک ختم ہو جاتی لیکن جیسے ہی کوچوان کش لیتا، تمباکو کا انگارہ پھر سلگنا شروع کر دیتا اور ہوا میں معلّق ادھر ادھر چمکتا نظر آتا۔ صرف ایک لمحے کے لئے جلتے تمباکو کی روشنی میں کوچوان کی آستین، گھنی مونچھیں، آنکھوں پر چھتری کی طرح جھکی بھنوؤں کی ایک ہلکی سی جھلک نظر آئی۔

ڈاکیے نے خطوں سے بھرے ہوئے تھیلوں کو زور دے کر ذرا نیچے کیا اور اپنی زنگ آلود پرانی جنگ کی نشانی تلوار ان پر رکھ دی اور ایک تختے پر جو بنچ کا کام دے رہا تھا بیٹھ گیا۔ لڑکا بھی اپنی کتابیں لیے ہوئے اس کے ساتھ ہی بیٹھ گیا۔

اتنی دیر میں پوسٹ ماسٹر وردی کا تکلف کیئے بغیر رات کے گاؤن اور پاؤں میں چپل پہنے باہر نکل آیا۔ اتنا ضرور کیا کہ سردی کی شدت کی وجہ سے گاؤن پر ایک واسکٹ چڑھا لی تھی۔

'بیٹے اپنی امّاں کو میری طرف سے بہت پیار دینا۔ اور اپنے ماموں کو پارسل دینا نہ

بھولنا۔' پوست ماسٹر نے اپنے بھانجے سے کہا اور کوچوان کو اشارہ کیا کہ بس اب وہ چل پڑے۔۔

کوچوان نے ہلکے سے لگام کو جھٹکا دیا، زبان سے ٹخ ٹخ کی آواز نکالی اور گاڑی حرکت میں آگئی۔ بڑی گھنٹی ایسے بجی جیسے چھوٹی گھنٹیوں کو چلنے کا حکم دے رہی ہو۔ چھوٹی گھنٹیاں بھی تعمیل میں یک زبان ہو کر بجیں۔ کوچوان نے اپنی سیٹ پر کھڑے ہو کر ہلکے سے چابک گھوڑوں کی پیٹھ پر لگایا اور گاڑی کچی سڑک پر اپنی منزل کی طرف روانہ ہوئی، پوسٹ ماسٹر نے چلتے چلتے ایک مرتبہ پھر یاد دہانی کرائی۔ 'سب کو میری طرف سے بہت بہت پوچھنا۔

چھوٹا سا شہر جس میں یہ ڈاک خانہ واقع تھا ابھی نیند کے مزے لے رہا تھا۔ درخت اور مکان اندھیرے میں گلی کے دونوں طرف صبح کے انتظار میں کھڑے تھا۔ دور دور روشنی کے آثار نہیں تھے۔ تاروں بھرے آسمان پر اکا دکا بادل نظر ارہے تھے۔ پیلا سا ڈھلتا چاند اندھیرے کو ہرانے میں میں ناکامی کا سامنا کر رہا تھا۔ رات سرد اور پر نم تھی لیکین سانس لیتے ہوئے ہوا میں خزاں کی خاص خوشبو کا احساس ہو تا تھا۔

سکول کے لڑکے نے، جو اپنی مفت سواری کے لیے ڈاکیے کا احسان مند تھا، نہایت ادب سے سے گفتگو شروع کی۔

'اگر گرمی کا موسم ہو تا تو اب تک خاصی روشنی ہو چکی ہوتی، لیکن اس وقت تو صبح کے کوئی آثار نہیں ہیں۔ گرمی تو اب بس ختم۔ لڑکے نے آسمان کی طرف دیکھا اور بات جاری رکھی، 'آسمان کو دیکھ کر پتہ چل جاتا ہے کہ خزاں آگئی ہے۔ ادھر دیکھیں، دائیں طرف۔ وہ ایک قطار میں تین ستارے نظر آرہے ہیں نا، اسکو سہ تارہ کہتے ہیں جو اس خطے میں صرف ستمبر کے مہینے میں نظر آتا ہے۔'

ڈاکیے نے اپنے ہاتھ آستینوں میں گھسائے اور اپنا چہرہ گرم کوٹ کے کالر میں مزید دھنسا دیا۔ نہ کوئی حرکت کی نہ آسمان کی طرف دیکھا۔ بظاہر اسے سہ تارے سے کیا کسی بھی ستارے سے کوئی دلچسپی نہیں تھی۔ رات کے یہ تارے دیکھنا اس کا معمول تھا جس سے اب وہ خاصا اکتا چکا تھا

لڑکے نے کچھ دیر تو صبر کیا مگر پھر بولے بغیر نہ رہا گیا۔

بہت سردی ہے۔ اب صبح ہو جانی چاہیے۔ انکل آپ کو معلوم ہے سورج کس وقت نکلتا ہے؟

'کیا'؟ ڈاکیے نے پوچھا۔

سورج آج کل کتنے بجے نکلتا ہے؟

جواب کوچوان نے دیا، 'پانچ اور چھ کے درمیان

ڈاک گاڑی اب شہر کی حدود سے باہر آچکی تھی۔ سڑک کے دونوں سمت یا تو چھوٹے چھوٹے گھروں کے باہر لگی سبزیوں کی کیاریاں تھیں یا ایک آدھ درخت۔ باقی ہر چیز تاریکی کے لبادے میں پوشیدہ تھی۔ کھلی فضا میں چاند بھی کچھ بڑا بڑا سا لگ رہا تھا اور ستارے بھی ذرا زیادہ روشن معلوم ہو رہے تھے۔ ڈاکیے نے اپنا چہرہ اور زیادہ کالر میں گھسا دیا تھا۔ لڑکے کو بھی اب سردی کی ایک لہر نے اپنی لپیٹ میں لینا شروع کر دیا تھا، اس کے ہاتھ، پاؤں اور چہرہ یخ ہو گیا تھا۔ گھوڑوں کی رفتار کم ہو گئی تھی اور گھنٹیاں ایسے گوں گی ہو گئی تھیں جیسے سردی سے منجمد ہو گئی ہوں۔ گھوڑوں کے سم جب گیلی سڑک پر جمع ہوئے پانی پر پڑتے تو ستاروں کا عکس ان میں ایسے نظر آتا جیسے وہ گاڑی کے ارد گرد رقص کر رہے ہوں۔

لیکن صرف دس منٹ بعد پھر تاریکی اس قدر بڑھ گئی تھی کہ نہ تو چاند کی روشنی، نہ

ستاروں کی چمک دکھائی پڑتی۔ ڈاک گاڑی اب جنگل میں داخل ہو چکی تھی۔ دیودار کے درختوں کی نوکیلی شاخیں لڑکے کے کپڑوں اور چہرے سے الجھ رہی تھیں۔ وہ بار بار مکڑی کے جالے اپنے چہرے سے ہٹا رہا تھا۔ گاڑی کے پہیے اور گھوڑوں کے سم درختوں کی موٹی موٹی جڑوں سے ٹکرا رہے تھا اور گھوڑا گاری ایک بدمست شرابی کی طرح ایک سے دوسری سمت بہکتی بہکتی سی چل رہی تھی۔

'دیکھ کر کیوں نہیں چلاتے گاڑی، سڑک پر رہو۔ بالکل کنارے پر کیوں چل رہے ہو۔'

ڈاکیے نے نہایت غصیلی آواز میں کوچوان کو ڈانٹا۔

میرا چہرہ ان شاخوں سے زخمی ہو گیا ہے۔ گاڑی کو دائیں طرف۔۔۔

ابھی ڈاکیے کا فقرہ مکمل بھی نہیں ہوا تھا کہ۔ گاڑی کو اچانک ایسے جھٹکے لگے جیسے کسی مریض پر مرگی کا دورہ پڑ رہا ہو۔ گاڑی پر ایک کپکپی سی طاری ہوئی اور وہ پہلے ایک طرف اور پھر دوسری طرف جھکی جیسے گرنے کا قریب ہو لیکن اچانک انتہائی تیزی سے جنگل کے کچے راستے پر آگے بڑھی۔ لگتا تھا جیے گھوڑوں نے کسی ڈراونی چیز کو دیکھ لیا ہے اور اس کے خوف سے فرار ہونا چاہتے ہیں

اوئے اوئے، کوچوان چیخا، شیطان کی اولاد، اس نے گھوڑوں کو گالیاں دینی شروع کر دیں

لڑکا بری طرح سے ڈر گیا تھا۔ اس نے آگے جھک کر کوئی سہارا ڈھونڈنے کی کوشش کی لیکن چمڑے کے گیلے تھیلوں پر اس کے ہاتھ پھسل رہے تھے۔ اس نے کوچوان کے کوٹ کی پٹی پکڑنا چاہی لیکن کوچوان خود ایسے ہچکولے کھا رہا تھا کہ لگتا تھا ابھی گاڑی سے نیچے گر پڑے گا۔ پہیوں کی گڑگڑاہٹ اور گاڑی کی کڑکڑاہٹ کے شور میں دونوں نے

تلوار کے گرنے کی آواز سنی اور اس کے فوراً بعد کسی بھاری سی چیز کے زور سے گرنے کی آواز آئی۔

ٹھہرو، ٹھہرو، ٹھہرو

کوچوان کی آواز میں خوف اور گھبراہٹ دونوں شامل تھے۔

گاڑی بری طرح ہچکولے کھا رہی تھی۔ لڑکے کا سر کوچوان کی سیٹ سے ٹکرایا اور پھر دوسرے لمحے اس کی کمر گاڑی کے حفاظتی تختے پر اتنی زور سے لگی کہ اس کی چیخیں نکل گئیں۔ لڑکے نے دونوں ہاتھوں سے تختوں کو پکڑا تاکہ وہ گرنے سے محفوظ رہے۔ اتنے میں گھوڑے جیسے زقند بھر کر انتہائی تیز رفتاری سے جنگل سے نکل کر کھلے میں آ گئے۔ پھر دائیں طرف مڑے اور اچانک ایسے رک گئے جیسے کسی ان دیکھی قوت نے انہیں اپنی جگہ پر منجمد کر دیا ہو۔ لڑکے کا سر ایک مرتبہ پھر کوچوان کی سیٹ سے ٹکرایا۔

کوچوان اور لڑکے کی سانسیں بری طرح پھولی ہوئی تھیں۔ ڈاکیہ گاڑی میں موجود نہیں تھا۔ وہ اپنی تلوار اور ایک خطوں کے تھیلے سمیت گاڑی سے نیچے گر گیا تھا۔ لڑکے کی کتابوں کا بھی کچھ پتہ نہیں تھا۔

'ٹھہر جا بدمعاش، تیرا بیڑا غرق ہو، ٹھہر جا۔

آواز جنگل سے آ رہی تھی

تجھ پر خدا کی لعنت، تجھے میں ابھی مزہ چکھاتا ہوں

ڈاکیہ اب جنگل سے باہر نکل چکا تھا۔ غصے سے بھنایا ہوا تھا، منہ سے جھاگ نکل رہی تھی۔ ہوا میں مکہ لہراتے ہوئے وہ کوچوان کو گالیاں سنا رہا تھا

یہ گھوڑے نہیں ہیں حضور یہ تو شیطان گھوڑوں کی شکل میں آ گیا ہے۔ میں میں کر بھی کیا سکتا ہوں، کوچوان نے کہا۔ ویسے اس بیچ والے کو تو ابھی لگام لئے ہفتہ بھی نہیں ہوا

اسی لیئے بہت جلدی بدک جاتا ہے۔ خاص طور اگر ڈھلوان سے اتر رہا ہو تو بالکل قابو میں نہیں رہتا۔ ابھی اس کی تھوتھنی پر ایک لگاؤں گا تو ٹھیک ہو جایے گا۔

درررر درررر۔ صبر، صبر۔ اس نے بیچ والے گھوڑے سے کہا جس نے دوبارہ بدکنا شروع کر دیا تھا۔

جتنی دیر کوچوان گھوڑوں کو سنبھال رہا تھا، ڈاکیے نے اپنی تلوار اور خطوں کا تھیلا دوبارہ گھوڑا گاڑی میں بڑبڑاتے ہوئے لادا۔ کوچوان تقریباً سو قدم پیدل چلا پھر اچک کر گاڑی پر چڑھ کر پر بیٹھ گیا جس میں لڑکا اور ڈاکیہ پہلے سے بیٹھ چکے تھے۔

حالاں کہ ابھی تک لڑکا خوف سے کانپ رہا تھا لیکن جیسے ہی اسے محسوس ہوا کہ خطرہ ٹل گیا ہے اور وہ اب محفوظ ہے تو اسے یہ سارا واقعہ اتنا مضحکہ خیز لگا کہ اس نے زور زور سے ہنسنا شروع کر دیا۔ اس کا موڈ بالکل بدل چکا تھا۔ زندگی میں پہلی مرتبہ اس نے اتنی رات گئے سفر کیا تھا، اور وہ بھی ایک ڈاک گاڑی میں۔ جن خطرات سے وہ دوچار ہوا اس کے نتیجے میں سوائے زخمی کمر اور ماتھے پر ایک چھوٹے سے گومڑ کے اور کوئی خاص نقصان نہیں ہوا تھا۔ اس نے سگرٹ سلگایا اور ہنستے ہوئے کہنے لگا۔

پتہ ہے جیسے آپ گرے تھے، شکر کریں گردن نہیں ٹوٹی

ڈاکیے نے اس کی بات کا جواب نہیں دیا اور منہ پھلائے بیٹھا رہا۔

لڑکے نے ہمت نہیں ہاری اور نہایت ثابت قدمی سے پھر بولا۔

آپ کب سے اس ڈاک گاڑی کی ڈیوٹی دے رہے ہیں؟

گیارہ سال سے۔

ہر روز؟

ہاں، ہر روز۔ جیسے ہی یہ ڈاک پہنچ جاتی ہے میں اسی گاڑی سے واپس پوسٹ آفس

آتا ہوں اور پھر رات کو دوبارہ یہی ڈیوٹی دیتا ہوں۔ کیوں، کس لیے پوچھ رہے ہو؟

لڑکا سوچ میں پڑ گیا تھا۔ اگر یہ ڈاکیہ روز یہ سفر کرتا ہے تو اس کا تو ہر دن ایسے ہی آج کی طرح کی دلچسپ اور خطرناک مہم جوئی میں گزرتا ہو گا؟ کبھی یہ برف کے طوفانوں میں گھر جاتا ہو گا؟ کبی گھوڑے بدک جاتے ہوں گے تو کبھی ڈاکو اس کی گاڑی پر حملہ کر دیتے ہوں گے؟ اس کے پاس تو بے انتہا کہانیاں جمع ہو گئی ہوں گی؟

'تو کیا آپ کے ساتھ اکثر اس طرح کے واقعات ہوتے رہتے ہیں؟

اس کا خیال تھا کہ ڈاکیہ اب اپنے بارے میں اس کی دلچسپی دیکھ کر آپ بیتی سنانی شروع کر دے گا۔ لیکن ڈاکیے نے مکمل خاموشی اختیار کیے رکھی۔ اتنی دیر میں صبح کے آثار نمایاں ہونے شروع ہو گیے تھے، چاند بادلوں میں گھرا ہوا تھا، ہلکے ہلکے اجالے میں اب ڈاکیے کا تھکا ہوا اور غصے سے بھرپور چہرہ نظر آنے لگا تھا۔ جیسے وہ ابھی تک کوچوان سے سخت خفا ہو۔

'شکر ہے روشنی تو ہوئی۔ لڑکے نے کوچوان کو اور ڈاکیے کے غصیلے اور سردی سے ٹھٹھرتے چہرے کو دیکھتے ہوئے کہا۔

مجھے خود بھی سردی لگ رہی ہے۔ ستمبر میں راتیں کافی ٹھنڈی ہو جاتی ہیں، لیکن سورج نکلنے کے بعد ذرا گرمی پڑنے لگتی ہے۔ کیا خیال ہے ہم کتنی دیر تک سٹیشن پر پہنچ جایں گے؟

ڈاکیے نے نہایے اکتاہٹ سے لڑکے کی طرف دیکھا اور ڈانٹ کر اسے کہا' چپ ہو جاؤ، تم کچھ زیادہ ہی بولتے ہو۔

لڑکا مایوس ہو کر چپ ہو گیا اور باقی سفر کے دوران اس نے اور کوئی بات نہ کی۔

اب مزید روشنی ہو چکی تھی۔ چاند بالکل مدھم ہو کر سرمئی آسمان میں چھپ گیا تھا۔

افق پر بنفشی رنگ کی لکیریں نمودار ہونے لگی تھیں جن کے پیچھے سے سورج نمودار ہونے کی کوشش کر رہا تھا۔ لیکن سردی ابھی بھی برداشت سے باہر تھی، اوپر سے ڈاکیے کے رویے نے لڑکے کی طبیعت مکدر کر دی تھی۔ اب وہ پہلے کی طرح ہشاش بشاش نہیں تھا بلکہ خاصا اداس ہو گیا تھا۔ اسی اداسی کے عالم میں اس نے اپنے ارد گرد دیکھا تو سوچا کہ انسان تو انسان یہ درخت اور گھاس تک بھی ان شدید سردی کی راتوں سے تنگ آ گئے ہوں گے۔ اگرچہ سورج نکل آیا تھا لیکن تمازت کی بجائے اس کے دھیمے پن سے ایک سرد مہری کا احساس ہوتا تھا۔ کہانیوں میں پڑھے ہوئے طلوع آفتاب کے منظر کے برعکس درختوں کی چوٹیاں کرنوں کا استقبال نہیں کر رہی تھیں، سست سست پرندوں کی اڑان میں کوئی مسرت نہیں دکھائی دے رہی تھی۔ روشنی کے باوجود سردی جوں کی توں تھی

آبادی شروع ہو چکی تھی۔ اس نے ایک مکان کی کھڑکی پر پڑے ہوئے پردے کو دیکھ کر سوچا کہ ان پردوں کے پیچھے مکین خواب غفلت کے مزے لے رہے ہوں گے۔ وہ نہ تو سردی سے کپکپا رہے ہوں گے ہر نہ ہی وہ اس ڈاکیے کے غصیلے، منحوس چہرے کو دیکھ رہے ہون گے۔ اور اگر کوئی دوشیزہ گاڑی کی گھنٹیوں کی آواز سن کر جاگ بھی گئی تو فورا ایک نیند بھری مسکراہٹ کے ساتھ کروٹ بدل کر پھر سے حسین خوابوں کی وادیوں میں کھو گئی ہو گی۔

ابھی وہ ان خیالوں میں گم تھا کہ ڈاکیے کی آواز نے اسے چونکا دیا۔

'معلوم ہے کہ ڈاک گاڑی میں کسی پرائیویٹ سواری کو بیٹھنے کی اجازت نہیں ہے۔ اور کسی غیر متعلقہ شخص کو بٹھانا جرم ہے۔ مجھے یہ بات بالکل پسند نہیں۔

تو پہلے کیوں نہیں کہا؟ لڑکے کو بھی اب غصہ آ گیا تھا۔

حسب معمول ڈاکیے نے کوئی جواب نہیں دیا اور اسی طرح غصیلی نظروں سے

لڑکے کو گھورتا رہا۔ جب تھوڑی دیر بعد گاڑی ریلوے سٹیشن کے گیٹ پر پہنچی تو لڑکے نے تکلف سے ڈاکیے کا شکریہ ادا کیا اور گاڑی سے اتر گیا۔ ابی تک ڈاک والی ٹرین نہیں آئی تھی۔ صرف ایک لمبی مال گاڑی پٹڑی پر کھڑی تھی۔ انجن میں ریل کا کوچوان اور اس کا اسسٹنٹ ٹین کے مگوں میں چائے پی رہے تھے۔ ریل کی بوگیاں، پلیٹ فارم، سیٹیں سب گیلی اور ٹھنڈی تھیں۔ ڈاک گاڑی کے آنے تک لڑکے نے پلیٹ فارم کے اکلوتے سٹال سے ایک چائے لی جسے وہ چسکیاں بھر بھر کے پی رہا تھا۔ ڈاکیے پر ایک اضطرابی سی کیفیت طاری تھی۔ آستینوں میں ہاتھ ڈالے، نظریں نیچی کیے، پلیٹ فارم ایک سرے سے دوسرے تک جاتا اور پھر واپس مڑ جاتا۔ خدا جانے وہ کن خیالوں میں کھویا ہوا تھا، لیکن اس کے چہرے پر غصے کا تاثر جم کر رہ گیا تھا۔ وہ پلیٹ فارم کو ایسے غصیلے انداز میں کھڑا دیکھ رہا تھا جیسے وہ دنیا میں تنہا ہے، اور سوائے مایوسی، غصے اور ناراضی کے زندگی میں اس کے لیے اور کچھ نہیں۔ لڑکے کے ذہن میں صرف یہی سوال گونج رہے تھے۔

وہ کس سے ناراض تھا؟ اپنی زندگی سے؟ غربت سے؟ لوگوں سے؟ یا خزاں کی راتوں سے؟

* * *